「強制売春させられるネパールとインドの少女たち」その痛みと回復の試み

少女人身売買と性被害

長谷川まり子［著］
認定NPO法人ラリグラス・ジャパン代表

泉町書房

はじめに

人間を物のように売り買いする――。そんな非人道的な取引が、今も世界中で行われている。ＵＮＤＯＣ（国連薬物犯罪事務所）の報告によれば、２０１６年時点で被害者の数はおよそ４０３０万人。そのうちの25％を子どもが占め、全体の約半分がアジア地域に集中しているといわれている。

南アジアの内陸の小国ネパールも人身売買が盛んな地だ。

ＩＬＯによる２００１年の調査によれば、毎年約１万２０００人のネパール人女性が、隣国インドへ人身売買されている（ネパールのＮＧＯ「マイティ・ネパール」の報告によれば年間７０００人）。彼女たちが売られていく先は、ムンバイ、プネー、デリー、コルカタなどの大都市にある、約３０００軒ともいわれる売春宿だ。被害者の多くは18歳以下の未成年で、7歳や9歳といった幼い子どもが売られていくことも稀ではない。

ターゲットとされるのは、十分な教育を受けていない貧しい家庭の娘たちだ。トラフィッカーと呼ばれる周旋人が、仕事の斡旋を口実に連れ去るというのが常套手段である。年頃の娘を甘い言葉で誘惑し、「インドへ遊びに行こう」などとデートに誘うというのも多く見られる手口だ。

売春宿が女の子を買う値段は、数万～数十万ルピー（約数万～数十万円　※1ルピー1円、1インドルピー1・6円で換算。認定NPO法人ラリグラス・ジャパン活動期間の為替水準が1ルピー1円前後の時代が長かったためそのレートで換算した・以下同）に過ぎない。ネパールの最低賃金が1万7300ルピー、大卒初任給が3万～5万ルピーとされるなか、わずか1カ月分の給料程度で人ひとりが売買されているのだ。

一旦、売られてしまえば逃れる術はなく、不衛生な小部屋に軟禁され、客が来れば真夜中でも夜明け前でも相手をさせられることになる。1日に何十人もの客をとっても、少女たちの手には1ルピーも入らない。与えられるのは粗末な食事と数枚の衣類、安物のメイク道具だけだ。そしてHIV／AIDSや結核、B型肝炎といった病気にかかるか、客がつきそうにもない年齢になるまで酷使されることになる。

ネパールにおける人身売買の始まりは、1850年から1950年まで100年続いたラナ時代が幕を閉じた直後に遡る。

1846年、宮廷内で虐殺事件が発生し、生命の危機から逃れるため、王家一族はインドへ亡命した。これを機に宰相となったジャンガ・バハドゥル・ラナは自ら王と名乗り、国を支配するようになる。そして家臣に使用人となる少女を集めるよう命じた。その中に好みの娘がいれば王女や側室にした。ラナ家の王や王子は、10人以上の王女を娶ることができ、百人単位で側室を持てるよう、自ら定めていたのだ。

少女を上納すると褒美がもらえた家臣たちは、故郷から連れてきた少女を差し出した。家臣の大半がシンドゥパルチョークとヌワコットの出身だったため、これらの地域住民の大半を占めるタマン族の娘が進上されることになった。

しかし、ラナ家の専制時代も、1951年に終焉を迎える。家臣らは職だけでなく、権力者への少女の供給というサイドビジネスも失ってしまった。このときを境に、故郷の娘たちをインドの売春街へ売るようになったのである。初のケースは、ラナ時代が終わった1951年。ヌワコット出身のバンケ・アミニという10代前半の少女が、インド北部のウッタル・プラデーシュ州バハライツという街に売られた事件だ。この頃からネパールの少女の人気は高く、現在もインドの売春街で働く女性の30～35％をネパール人が占めるといわれている。

ネパールの少女が好まれる理由は主に3つ挙げられる。

第1の理由は、インドの男性が好む容姿を備えている点だ。インド国民の80%が信仰するヒンドゥー教には、カースト制という身分制度がある。大別するとバラモン、クシャトリヤ、ヴァイシャ、シュードラの4つの身分階層から成り、これらの階層は肌の色と関連付けられている。色白であれば高貴、肌の色が濃ければ低位というイメージがあるのだ。だからインドの人は、男女問わず肌の白さに強いこだわりがある。色白であることが美しさの第一条件といっても過言ではなく、インド人に比べて肌の色が薄いネパールの少女たちに人気が集まるのである。

幼い女の子が好まれる理由にも、宗教観が関係するといわれている。ヒンドゥー教では処女性が重んじられ、結婚前に異性と関係を持つことはご法度とされている。婚前交渉を持ったことが知られれば不品行な女性というレッテルを貼られ、良縁は諦めなくてはならないほどだ。こうした処女性へのこだわりから、売春宿でも処女の雰囲気を感じさせる10代前半の女の子が好まれるのである。

第2の理由として挙げられるのが性格だ。彼女たちが生きる世界は小さな村の中だけである。十分な教育を受けることも、遠くへ出かける機会もほとんどない。親の言いつけを守り、家の仕事を手伝うだけの毎日が、彼女たちの従順で大人しい性格を育む。そうした性格は店や客にとってコントロールしやすく、無理難題といえる要求を飲ませやすいのである。

第3の理由は、体が丈夫である点だ。ネパールの少女たちは売春宿で〝山の人〟と呼ばれている。その言葉どおり、山あいで生まれ育った女の子たちは、水汲みや家畜の餌となる草木を刈る目的で、1日に何度も山道を上り下りするため、自ずと足腰が丈夫になる。そのことで膣の締まりもよいとされ、病気にもかかりにくいと重宝されているのだ。

私が南アジアの人身売買問題を知ったのは1994年のことだ。幼い少女が売り買いされる事実に衝撃を受け、その背景を深く知りたいと思った私は、インド各地の売春街を取材した。それまでは、記事を書き上げたところでそのテーマから離れるのが普通だった。だが、この問題に関してはそうはならず、1997年に「ラリグラス・ジャパン」（以下、ラリグラス）というボランティア団体を立ち上げることになった。以来、本業のかたわら、人身売買問題に取り組む現地NGO「マイティ・ネパール」（以下、マイティ）を通じて、被害者の支援を続けてきた。インドの売春宿から救出された少女たちにカウンセリングや医療ケアを施し、基礎教育や職業訓練を行った後に、社会に戻る道筋をつけるために活動する団体だ。

2007年には、インド・ムンバイに拠点を置くNGO「レスキュー・ファンデーション」（以下、ＲＦ）にも支援の幅を広げることになった。売春宿から人身売買被害者を救い出し、一人ひとりの人生を再構築するために力を尽くす団体だ。これら2つの現地団体が滞りなく活動できるよう、経済的なサポートを行うことをラリグラスの主たるミッションとしている。

そんな私たちの活動は、今年で27年目を迎える。しかし、南アジアの人身売買問題はいまだ解決に至っていない。むしろここ数年、犯罪の手口はより巧妙化し、さらなる困難を強いられている。さらには、２０１９年末に始まった新型コロナウイルス感染症の流行が、犯罪件数の増加に拍車をかけることになった。

決して無策だったわけではない。売春宿で強制的に働かされている少女たちの救出活動、救出された少女たちの心身のケア、彼女たちを社会に帰すための活動、人身売買犯罪から身を守るための啓発活動など、マイティもＲＦもこの問題に真正面から対峙し、精一杯取り組んできた。私たちラリグラスも可能な限り力を尽くしてきたつもりだが、それでも少女たちを守り切れていない。

今この瞬間も、ネパールの少女がインドへと売られている。せっかく救出されても、今度は自発的に売春宿へと戻ってしまう女性も少なくない。そうしたなかで、もっとも自分たちの非力を感じるのは、マイティやＲＦで心身のケアを受けた後、新たな人生を歩み出していたはずの元被害者が、真には救済されていなかったという事実を突き付けられたときだ。

2007年、南アジアの人身売買問題について、私は『少女売買～インドに売られたネパールの少女たち』（光文社知恵の森文庫）という本を書いた。そこに登場するチャンヌーとアプサラは、マイティでリハビリ・プログラムを受けた後、未来に向けて確かに歩み始めていた。しかしその後、彼女たちは自らの手で、先へと続く道を閉ざしてしまったのだ。

今、胸に去来するのは、これまで続けてきた私たちの活動は、十分ではなかったのではないかという思いだ。売春宿に売られた少女たちは、「魂の殺人」といわれる性暴力の被害者である。彼女たちが受けた心の傷は、私たちが想像するよりずっと深く、癒えるまでに長い時間がかかるということ。もしかすると、完全に癒えることはないのかもしれないということ。そうした事実を私たちは、根底のところで理解しきれていなかったのではないかと思うのだ。

そんな後悔と反省を抱えるなかにありながらも、私は今、希望の灯を感じている。コロナ禍の混乱のなかで苦肉の策として生まれた新しいプロジェクトが確かな効果を上げ、これからの私たちが進むべき道を示唆してくれていると感じているのだ。

本書に、２００７年以降のチャンヌーとアプサラについても記した。彼女たちの足跡を追うことは、南アジアの人身売買問題そのものを追い求めることにつながると思ったからだ。

また、最新の人身売買の実情や被害者を取り巻く社会状況、心の回復のプロセスや試みについてもレポートすることにした。

そしてそれらをもとに、私たちはもう一度、考えなくてはならない。

なぜ、人身売買問題は解決しないのか。

性暴力被害者を真に救済するにはどうすればいいのか。

本書を通して、その答えに一歩でも多く近づくことができればと願っている。

目次

ネパール・インド関係地図

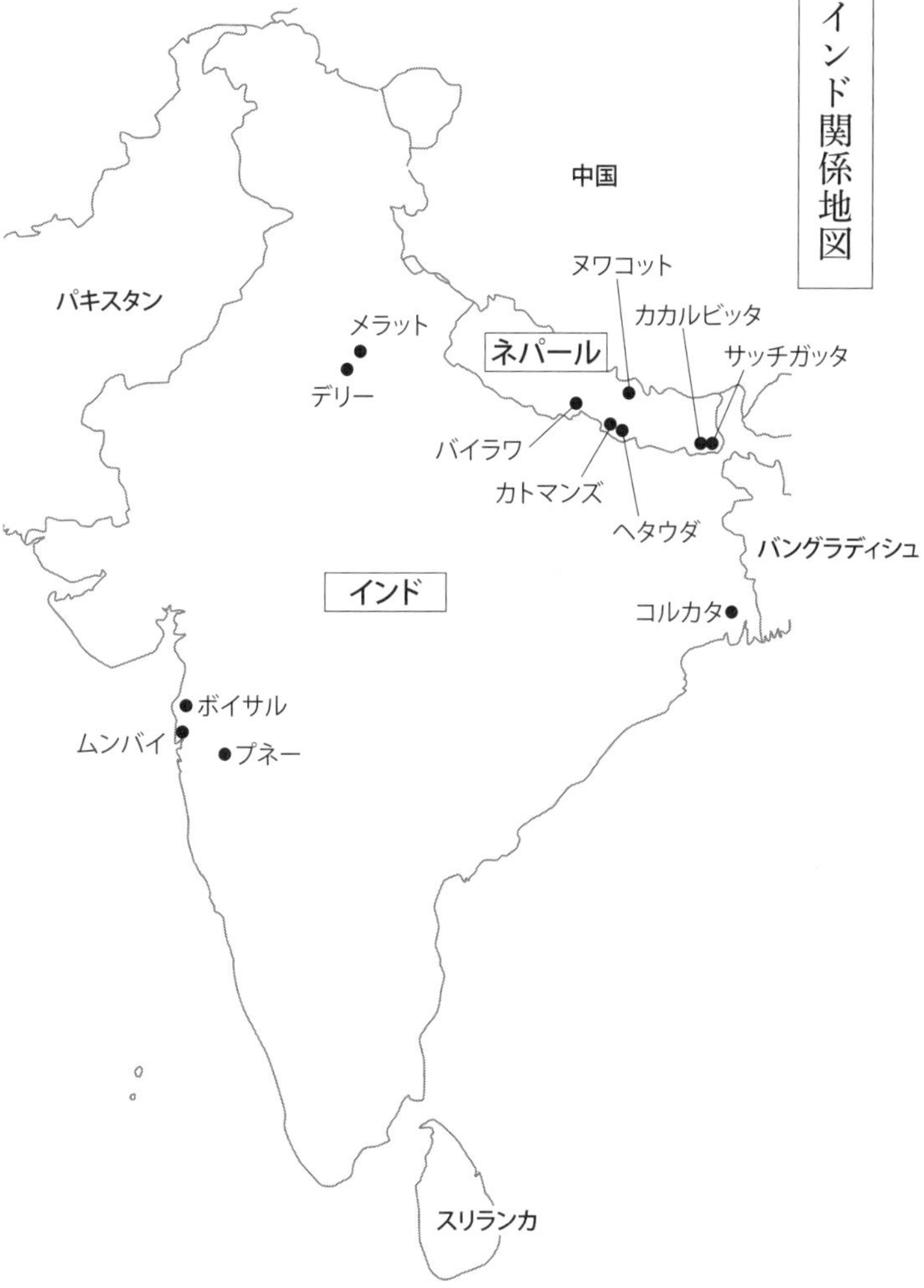

おもな登場人物一覧

アヌラダ……インドの売春宿から救出された人身売買被害者を一時的に保護する「マイティ・ネパール」を立ち上げ、活動を始める。被害者の精神的なケアをはじめ、学校教育や職業訓練など、女性が自立するための支援活動も行っている。

トリベニ……インドのNGO「レスキュー・ファンデーション」代表。売春宿から少女たちを救出し、心身のケア、学校の基礎教育や職業訓練を通じて、被害者を社会に帰す活動を行っている。2020年に被害者同士が支え合うエカトラ・プロジェクトを立ち上げ、大きな成果を上げている。

ビマラ……救出後は意思の疎通や日常生活もままならなかったが、「慈しみの家」のケアで徐々に回復する。

サリタ……幼い頃に父親が亡くなり、母親が再婚。継父との折り合いが悪く17歳で家を出るが、騙されて人身売買の被害に。救出された後に努力を重ね、大きな幸せをつかむ。

チャンヌー……12歳で人身売買被害にあう。心を閉ざし続けてきたが、著者と出会って10年目に本心を告白。聡明で容姿にも恵まれ、日本での講演に招かれるほど回復するが、その後、思わぬ転落が。

アプサラ……父親のわからない娘を17歳で出産。当初はその腕に抱くことさえ拒絶したが、幼い命が消えかかったとき、初めて内なる母の愛に気付く。しかし、母娘の絆はもろく、あるとき、切れかけてしまう。

アーシャ……アプサラの娘。幼い頃は母親にべったりだったが、9歳のとき、母親の結婚を機に離れ離れに。それが原因となって負の連鎖を生むことに。

ラダ……母親に売られ、3年間売春宿で働かされる。レスキュー・ファンデーションに救出された後、リハビリ・プログラムを受けて職業訓練の講師に。現在はエカトラ・プロジェクトのスーパーバイザーとして活躍。

プリヤ……竹と藁で造った家で貧しい暮らしを送る。勉強好きの少女だったが、12歳のとき、叔母により売春宿に売られた。レスキュー・ファンデーションによって救出された後、リハビリ・プログラムを受けて一般の学校に入学。現在は大学進学を目指しながら、エカトラ・プロジェクトのトレーナーとして活躍。

マンジュ……14歳で児童婚を強いられた後、人身売買の被害に。ネパール出身だが、つらい思い出しかない母国への帰還を拒み、レスキュー・ファンデーションのスタッフとして活躍。

第1章

人身売買被害者を救うために

ビマラ

人身売買と強制売春による性被害の問題は、いまだ解決の目途さえ立っていない。その事実を前にして、マイティ（マイティ・ネパール）やインドのRF（レスキュー・ファンデーション）とともに続けてきた私たちの活動が十分なものだったとはとても言えない。しかしその一方で、時に確かな手応えを感じてもいた。それは3歩進んで2歩下がるというようなゆっくりとした歩みではあったが、それでも1歩は前進したことになる。そんな確かに歩を進められた証の一つが、慈しみの家に暮らすビマラ（37歳）のケースである。

慈しみの家（ネパール語でスネハグリハ）は、1997年にマイティが開設したHIV感染者／AIDS患者のための施設だ。インドとの国境に接するネパール最東端の街カカルビッタから、車で20分ほどのところにあるサッチガッタという小さな集落にある。居住棟の6部屋に最大60人を収容でき、建物の周辺に3万3000㎡（1万坪）の田畑を購入して、自給自足の生活が営めるよう計画された。保護される女性たちは、病状が安定していれば日常生活に支障はない。畑仕事で適度に体を動かし、収穫の喜びを味わうことで、心身の健康が保たれることを期待してのことだ。

当初の入所者はHIV感染者に限られていたが、2006年からはインドでの強制売春やネパール国内で受けたレイプなどの性暴力によって、心の病気にかかった女性たちも受け入れることにした。

インドはレイプ犯罪が多発する国として名高いが、ネパールも同様だ。両国に共通するのは、カースト制度による差別があり、女性の地位が低く、純潔性が重んじられている点である。こうした社会通念の下、性的暴行を受けた女性が声を上げるのは容易ではない。被害者として同情を寄せられるどころか、傷もののレッテルを貼られて蔑まれるからだ。それを恐れて被害者の多くは、警察に届けることもなく泣き寝入りする。結果、訴えられることはないと高をくくった輩が、犯罪を実行するという悪循環が生まれるのだ。

被害に遭った女性が慈しみの家にたどり着くルートはいくつかある。インドから送還されてくることもあれば、世話をしきれなくなった家族が保護を求めてくることもある。家族に置き去りにされ、近所の人に通報されることもあれば、街をさまよっていたところを警察に保護され、連れてこられることもある。森の中で暴行を受け、瀕死の状態で発見されたケースもあった。

ビマラは、2006年にインド警察によってネパールへ送還され、ネパール警察によってカトマンズにあるマイティ本部に送り届けられた。その際行った健康診断により、身重の体であることがわかった。売春宿で客の子を妊娠したと推察されたが、人工妊娠中絶手術が可能な時期を過ぎていたためマイティで出産する。赤ちゃんはマイティ本部の敷地内で運営する乳児院で養育されることになり、ビマラは慈しみの家で生活することになった。

当初、彼女は意思の疎通がまったく図れなかった。実家の住所や家族の有無、インドに渡った経緯を尋ねても何も答えない。名前さえわからず、ビマラという名前もマイティのスタッフが付けた。サンスクリット語で純粋という意味だそうだ。そんな彼女は、自力でトイレに行くこともできず、洗面所とベッドルームを混同して、ほかの入所者のベッドの上で用を足してしまうことも度々だった。

ネパールの精神医療

他者とのコミュニケーションが成り立たず、自分の名前さえわからないのはビマラだけではなかった。当時、心の病を抱える女性は20人保護されていたが、そのうちの半数がシャワーやトイレの際に介助を必要とした。食事もろくにとらず、常に怒りの言葉を発し続ける女性や暴言を吐きながら暴れる女性、昼夜が逆転し、夜中になると大声で騒ぎ出す女性、放っておいたら電柱のように不動の姿勢で、何時間も炎天下に立ったままの女性もいた。限られた言葉しか話さない10代半ばの女の子は、意思を伝えられないストレスからか、爪や手のひらを噛み続けるなどの自傷行為が見られ、いつも皮膚がボロボロになっていた。髪をむしるのも癖になっており、頭頂部が丸く禿げていた。

私は精神医療の専門家ではないが、可能な限り情報を集め、周囲の知恵を借りて推し量ったところ、女性たちの抱える病気は、うつ病や統合失調症、双極性障害、ＰＴＳＤ（心的外傷後ストレス障害）などのようだった。しかも総じて重症度は高かった。自分の身に起こったことを話す力は誰にもなかったが、生命が脅かされるほどの出来事に襲われたことは想像に難くなかった。

そんな彼女たちに対し、マイティは適切な治療を施さなくてはならなかった。しかし、当時のネパールの医療はひどく立ち遅れていた。とくに精神衛生分野の遅れは顕著で、精神科医の数自体が非常に少なく、治療法の一つとされるカウンセリングを学ぶ教育機関もなかった。

首都カトマンズから６００キロも離れた田舎町となれば医療レベルはさらに低くなる。慈しみの家から車で１時間ほどのビラトナガルという街に基幹病院があり、月に

1回、カトマンズから応援にやってくる精神科医に女性たちを診てもらってはいたが、症状が好転する場合もあれば、薬が効きすぎるのか躁状態が続くこともあった。処方薬を調べてみたところ、どの患者に対しても同じ抗うつ薬が処方されていたのだから、当然といえば当然の結果だ。自傷行為がやまない女の子について相談したところ、「これといった方法はない。これ以上、病状がよくなることはない」と、見限るような言葉を投げかけられるだけだった。

慈しみの家に常駐するスタッフは、女性看護師1名と女性ヘルパー2名、門番と雑用係の男性2名の計5名しかいなかった。しかも、看護師の定着率は極めて低く、数カ月で辞めてしまう人もいた。応募者がいないわけではない。全国的に名が知れたマイティで働けば、プラスのキャリアになるからだ。だが、現実は想像どおりにはいかない。家族と離れて24時間常駐し、休暇は月に1、2回程度。こうした勤務シフトをこなせるのは、結婚前の若い看護師であるから実務経験に乏しい。しかも、精神疾患に関しては看護学校でほんの少し講義を聞いた程度で、あまりの大変さに音を上げる者は少なくなかった。

当初はこうして、専門知識も少なく経験値も低いスタッフが、手探りの状態でケアを続けるしかなかった。それが思わぬ成果を上げることになったのだ。

慈しみの家

NGO「マイティ・ネパール」が運営する人身売買被害者の保護施設。強制売春など性被害により心と体に深く傷を負った女性たちを保護する

独自のケア

看護師とヘルパーだけで、20人の世話をするにはとても手が足りない。そこであるときから、比較的病状の軽い女性たちの力を借りることにした。彼女たちがリーダーとなり、みんなを先導して1日のスケジュールをこなしてもらうことにしたのだ。

ネパールの食生活は一般的に、1日2食に軽食1回となっている。朝起きるとまず、チャアと呼ばれる甘いミルクティーを飲み、朝食を午前10時くらいに摂る。メニューは365日ダルバートだ。ご飯（バート）、豆スープ（ダル）、野菜のカレー（タルカリ）や野菜炒め（サーグ）などのおかずに、漬物（アチャール）がセットされたものだ。そして、13〜14時頃に、カジャという軽食を食べる。セルロティというドーナツのような甘菓子やスナック菓子、焼きそばや汁麺、インスタントラーメンなどがよく食べられるメニューだ。日本人からすると十分ランチに相当するボリュームだが、ネパールの人にとってはご飯がセットされたものが食事で、そうでないものは軽食に分類するのである。夕食は20時頃で、朝食同様ダルバートを食べる。基本的に野菜中心のおかずだが、肉や魚を食べるとすれば夕食時に供されることになる。

慈しみの家のスケジュールも、こうした食生活を基軸に組まれている。起床は朝5

時半。6時半までにお茶と洗面を済ませ、10時半の朝食まで自由時間。11時から13時半まで農作業やダンスの時間。軽食を挟み、15時まで再び農作業やダンスに取り組むという流れである。

農作業とダンスは欠かすことのできない日課だった。インドへと続くタライ平原にあるサッチガッタは、冬季も温かく土地は肥沃だった。施設の周囲に借り上げた1万坪のうち、水田では稲の二期作が可能だ。田植えや稲刈りなどの重労働は近隣の農民を雇って担ってもらったが、十分な広さのある庭先で季節の野菜を育てるのは女性たちが担当した。水牛や乳牛を飼ってミルクを搾り、ヤギや鶏を育てるのも女性たちに任された。大半が農村部の出身であるため、誰に教えられなくてもくわや鎌を使いこなし、牛やヤギの餌やりも糞の始末もお手のものだった。

ダンスもまた、身近にあった。信仰心が篤いネパールでは、年間を通して大小さまざまな祭りが行われる。どんなに貧しい家庭もこの日ばかりは仕事を休んでお寺に参り、家族でご馳走を囲む。村人たちは広場に集まり、伝統音楽やインドの映画音楽に合わせて大いに踊る。音楽とダンスは、ネパールの精神性や祭りと深くつながっており、こよなく愛されるものなのだ。それは慈しみの家に暮らす女性たちにも共通するはずで、楽しみながらエクササイズをしてもらおうと考えたのである。

農作業

季節の野菜を育て、ヤギや乳牛を飼ってミルクを搾る。体を動かしながら動物と触れ合うことは女性たちの心を癒す過食を繰り返して不健康に太ってしまった女性や、引き込もりがちな女性たちにとって、農作業やダンスは適度に体を動かすいい機会となった。昼夜が逆転し、夜中に騒いでいた女性にも効果的だった。心地よい疲労感が得られ、次第に眠れるようになっていったのだ。もちろん、始めたばかりの頃は、ダンスにも関心を示さない女性も何人かいたが、リーダー役の女性が根気よく声がけを続けるうちに、まず踊りの輪の中に加わるようになり、やがてリズムに合わせて体を揺らすようになっていった。

スピーチ・テラピーも好影響を及ぼした。話題はなんでも構わない。仲間の前でひとりずつ、考えていることを言葉にするのだ。丸めたノートをマイクに見立て、スタッフが指名した女性に手渡す。それを口元にもっていき、恥ずかしそうに一言ずつ発する女性や、張り切って演説する女性などさまざまだったが、仲間から拍手を送られると笑顔を見せる女性もいた。

こうしたケアを重ねていくうちに、女性たちの症状は次第に和らいでいった。目に見えて変わったのは、物事に対する意欲が湧いてきた点だ。症状が重い女性を除き、入所者にはそれぞれ、掃除や洗濯や食器洗い、牛の世話や畑の草取りなど、担当の業務を割り当てていた。これらの業務に取り組みながら、「仕事が楽しい」「もっと仕事がしたい」という声が聞かれるようになったのである。

そこで、新たなプロジェクトを立ち上げることにした。ラッピングペーパーを素材としたカゴ作りだ。ラッピングペーパーは1枚8ルピー（約8円）程度。1つのカゴを製作するのに15枚必要なため、材料費は120ルピー（約120円）ほどだ。出来上がった製品は、カカルビッタの市場に1個250ルピーで売りに出す。4人の女性がこのプロジェクトに参加し、もっとも売り上げた女性は、数カ月で2000ルピーの貯金ができたという。

「もっと作って、もっと売って、自分の店を開きたい」

そんな夢を抱くまでに回復したのだった。

「精神科作業療法」という治療法がある。一般社団法人日本作業療法士協会：作業療法ガイドライン2012年度版によれば、「身体又は精神に障害のある者、またはそれが予測される者に対し、その主体的な生活の獲得を図るため、諸機能の回復、維持及び開発を促す作業活動を用いて、治療、指導及び援助を行うことをいう」と定義されている。具体的には、家事や運動、手芸や工作や読書など、日常生活上のさまざまな作業を通し、心身の健康を取り戻していくというものだ。慈しみの家で行われている畑仕事やダンス、スピーチ・テラピーは、いうなればこの作業療法といえるものだ。しかも、専門知識を基に行っているわけでなく、日々の生活の中で編み出されたもの

ダンス

リズムに合わせて無心に体を揺らすダンスは、心身の回復の第一歩となるルーティン。音楽とダンスは、ネパールの精神性や祭りと深くつながっている独自のケア法である。それに確かな成果が見られたのだ。

とくにリーダー役を任された女性たちの症状は飛躍的に好転した。重度のうつ病を患い、保護されたときは能面のように無表情だった女性がいる。その目は何を見るでもなく無気力に覆われ、ただぼんやりと1日を過ごしているだけだったが、仲間を世話するうちにスタッフと見紛うほど活躍するようになった。もちろん投薬治療の効果もあるだろうが、それ以上に状態の改善に導いたのは、彼女以上に重い症状を抱える仲間たちとの関わりにあったと思われる。誰かの世話をし、誰かに頼られることで自信を回復し、それが心の安定につながったのだ。

ビマラの告白

そこが安全な場所であることを認識し、同じ痛みを持つ者同士が助け合いながら暮らす。最先端の医療や優秀なカウンセラーの存在がなくとも、こうした環境こそが心の傷を治癒する力にスイッチを入れるのではないだろうか。強くそう思うようになったのは、ビマラに見られた大きな変化にある。

保護されたばかりの頃の彼女の病状は非常に重く、ほとんど口も利かず、ところかまわず用を足してしまうほどだった。そんな彼女に、リーダー格の女性が中心となって、「ビマラ、トイレに行きたいの？」「ビマラ、水飲む？」とこまめに声をかけ、みんなでかいがいしく世話をした。

１年ほど経つとずいぶんコミュニケーションがとれるようになり、自分の身の回りのことができるようになった。楽しいと感じたときには軽い微笑みを頬に浮かべるようになり、やがてダンスの輪に加わるまでになった。しかし、彼女の身の上についてはわからないままだった。

ところが２０１４年春、私が単身ネパールを訪れていたとき、彼女の過去が突然明かされることになる。それは女性たちに近況について聞き取りをしていたときのことだった。

「掃除当番を怠ける人がいるので困ります」

「シャンプーが欲しいです。アンティ(目上の女性に対する敬称)、買ってきてください」

一人ずつ声を拾っていき、ビマラに順番が回ってきた。

「今日は食器洗いの当番。掃除もしました。土曜日は肉を食べて牛の世話をします。草刈りもします。仕事をするのは好きです。前は食べて寝るだけだった。独り言をいって、人と目も合わせなかったし、すぐに怒っていた。汚いところをきれいにするのが好き。この前、病院にいったら、〝ちゃんと仕事しているね〟と言われた」

保護されて7年目。たどたどしい口調ながらも、こんなに多くを話してくれるのは初めてのことで、うれしくなった私は質問を続けた。

「畑仕事もできるの?」

「子どもの頃にやった」

その直後のことだ。

「私の家は、ボジプールのスンダリというところ。家族はお兄さん2人と私、お父さんとお継母さん。お継母さんの娘3人と息子1人。お父さんは悪い人です。私の本当のお母さんが死んだ後、ほかの女の人と結婚して、私はその女の人に追い出された。家を出た後、お兄さんが捜しに来てくれて一緒に住みました。でも、お兄さんは軍隊に入って、それから行方不明になってしまった。それで男の人から、仕事があると言われて連れて行かれました。私はインドから帰ってきた」

インドのどこにいたのか尋ねてみた。

「ムンバイ。カマティプラ12番」

私はその場所を知っていた。RFに同行し、その住所のビルに入る売春宿に踏み込んで、救出活動をしたことがあるのだ。

「アンティもそこに行ったことがあるよ」

「ほんとですか？　大きいところですよねぇ」

ビマラはそういうと、顔に喜色を浮かべた。それはこれまでに見たことのない表情だった。

彼女は売春宿での生活についても語ってくれた。

「ムンバイには15歳のときに行きました。タマンと一緒にいました（注：タマン族のオーナーの店にいた）。5年ぐらい働いた。体の大きなインド人と結婚しました（注：用心棒役のマフィアと思われる）。体調が悪くなって、そのとき、レスキューされました。マイティで子どもを産みました」

そして彼女は最後に強い口調でこう言った。

「私の本当の名前は、マヤ・シェルパです。ビマラは本当の名前じゃない」

その言葉から、彼女は仕事の斡旋を口実にインドの売春宿に売られたということ。その店の経営者はタマン族の女で、後に用心棒役のマフィアと思われるインド人の情婦となったこと。5年間働いたところで救出されたこと。ヒマラヤ登攀の案内人として名高い少数民族のシェルパ族であることを、私たちは初めて知ったのだった。

なぜ、真実を話す気持ちになったのか。なぜ、この日だったのか。なぜ、告白の相手が私だったのか。その理由はわからない。ただ一つ言えるのは、これまで彼女は苦しみを胸に抱えたままだったということ。これからはその苦しみを仲間と分かち合えるであろうということだ。

つらい経験やトラウマは、他者に話すことで心の浄化が促されるという。自分の感情や思考を言葉にすることで心の中の重荷が軽減されるのだ。そして、話す相手が理解者であれば共感を得られ、孤独感が和らぐ。そういわれるとおり、この日を境にビマラの病状は誰の目にも明らかに回復していった。

マイティの保護活動

慈しみの家に暮らす女性たちの姿に見るように、人身売買犯罪は人の心と体を深く傷つける。それはあってはならないまさに悪魔の所業といえる犯罪だ。だからこそマイティはこの問題に真っ向から立ち向かい、精力的な活動を続けてきた。ここでは、そんなマイティの具体的な取り組みについて紹介したい。

マイティは、東ネパール・カリンポン出身の元教師、アヌラダ・コイララさんによって、１９９３年に設立された団体である。私が初めて訪問した１９９７年当時は、アヌラダさんの自宅に事務机を置き、近くに借りた民家に数十人の被害者を保護するだけのこぢんまりとした団体だった。慢性的な資金難にあり、取材に訪れた私にも経済支援を求めるほどで、それがラリグラスを立ち上げるきっかけとなったといえる。まさに自転車操業の弱小団体だったが、年々、活動の幅を広げ、今ではネパールを代表するＮＧＯに成長した。

その活動は、設立して間もない頃から「保護」と「予防」の2つを基軸に続けられてきた。保護活動とはその言葉のとおり、インドの売春宿から救出されてきた人身売買被害者を一時的に保護する活動だ。ここからは、彼女たちをサバイバー（人身売買やレイプなど過酷な状況を生き延びた人）と記すことにする。

メディカルチェックとカウンセリング

インドの売春宿から救出されたサバイバーは、インド警察によって国境まで送り届けられ、ネパール警察に委ねられる。そして書類手続きを済ませた後、マイティが国境沿いの16カ所で運営するトランジット・ホームに送られる。トランジットという言葉の持つ〝目的地へ行く途中で立ち寄る〟という意味のとおり、最長半年間の滞在が可能な施設だ。ネパールへの帰還ルートや出身地がカトマンズに近い場合は、直接マイティ本部に送り届けられることもある。

ここからマイティによるサバイバー支援が開始されることになる。真っ先に行われるのがメディカルチェックだ。

売春宿の環境は劣悪である。健康状態を配慮されることもなく、病気になっても病院に連れて行くことも、往診を頼むこともない。せいぜい適当な常備薬が与えられるぐらいだ。妊娠を回避する対策もきちんと行われていない。そのため、気付かないうちに妊娠していることも少なくなく、発覚すれば直ちに中絶させられる。使われるのは、ミフェプリストンやミソプロストールを成分とする経口妊娠中絶薬だ。これらの医薬品は、膣からの多量出血や細菌感染症などを引き起こすリスクがあるとして、医師の処方なく服用してはならないとされているが、売春宿では危険な手段での中絶があたりまえのように行われている。

このような環境で酷使され続けた結果、多くのサバイバーが結核やウイルス性肝炎、HIV／AIDSといった感染性の病気、子宮内膜症や不妊症などの婦人科系の病気に悩まされることになる。長期にわたる軟禁生活によって精神を病む者も少なくない。そうしたサバイバーに対し、適切な医療を提供し、健康を回復してもらうことからスタートするのである。

メディカルチェックと同時に行われるのがカウンセリングだ。氏名、年齢、両親の名前、出身地といった身元の確認から始まり、人身売買された経緯や売春宿での生活状況などをヒアリングするのである。ひとつは、彼女たちを騙して連れ去った犯人を突き止め、訴訟を起こすためだ。もう一つは、彼女たちが受け続けてきた精神的な苦痛を理解し、どのようなリハビリ・プログラムを必要としているかを知るためである。

しかし、一度や二度の聞き取りで、包み隠すことなくすべてを打ち明けるサバイバーはまずいない。店で使っていた源氏名で通し、頑として本名を明かさず、家族について尋ねても、「親はいない」「どこにいるか知らない」と素性を隠すのである。

素直に応じない理由は、売春宿の経営者らに、恐怖心を植え付けられているためだ。

「一日、売春街に足を踏み入れたら、外の世界の人間は全員敵となる。警察やNGOに救いを求めれば助けてもらえるなんて真っ赤な嘘だ。やつらの手でもっとひどい売春宿に転売されることになるのだ」

などと脅し、彼女たちの精神を完全に支配しているのである。

聞き取りは大学で心理学を専攻し、医大等が主催するカウンセリング技術のトレーニングを受けた女性スタッフが行う。自身もかつて人身売買被害に遭い、マイティでリハビリ・プログラムを受けた後、スタッフとなったサバイバーがカウンセリングの場に加わり、話し相手を務めることも少なくない。

ネパールは120以上の民族が暮らす多民族国家で、2011年の国勢調査によれば、それぞれのコミュニティにおいて１２３の言語を有するといわれている。似通った言語もあれば、ネパール人同士でも通じない言語もある。

カウンセリングは、母語を使って行うのが鉄則だ。クライアントがカウンセラーの話す言葉を理解できないとすれば、双方が同じ文脈を共有することができず、関係性を作り上げることも難しくなる。そこでサバイバーがタマン族であれば、同じタマン族のスタッフが加わってコミュニケーションを図るのである。

しかし、一筋縄ではいかない。カウンセリングを続けるなかで、サバイバーたちはさまざまな思惑を巡らすからだ。例えば、「売春宿で酒を飲んだり、タバコを吸ったりしていたか」と聞かれたとする。昼からのぞく歯はヤニで黄ばんでいるのだが、返ってくるのは「みんなは酒もタバコもやっていましたが、私はやりませんでした」という答えだ。ネパールやインドでは、女性の飲酒や喫煙は不品行とされている。そうした好ましくない過去を隠し、少しでも相手に好感を持たれるよう言葉を選ぶのだ。

これから自分はどうなるのか不安でたまらず、精一杯、保身に努めるのである。

彼女たちの言葉に嘘が多いため、なかなか真実にたどり着けない。ここで効果をもたらすのが、スタッフとなったサバイバーの言葉だ。

「私もあなたと同じ目に遭いました。マイティに来たばかりの頃は逃げ出したいと思っていました。ここにいてもどうにもならないと思ったのです。けれど、リハビリ・プログラムを受けて、今はスタッフとして働いています。とてもやりがいのある仕事です。あなたもきっと人生をやり直せるはずです」

このように自分の経験を交えながら、カウンセリングを重ねていくのだ。同じ言語と痛みを持つ者の言葉は相手に届きやすい。やがて、固く閉ざされた心もほぐれ始めるのである。

リハビリ・プログラム

医療ケアとカウンセリングによってサバイバーが心身の落ち着きを取り戻したところで、家族の元へ帰すのが基本ルールとなっている。ただし、闇雲にに引き渡すわけではない。保護者をマイティの施設まで呼び寄せ、女の子たちが誘惑される手口や海外出稼ぎのリスクについて話し、親の役割について再認識してもらう。こうして再び人身売買の危険に晒されることのないよう啓発したうえで、娘を連れ帰ってもらうことにしているのだ。

しかし、家庭環境がよくない場合はこの限りではない。例えば、父親が酒に酔うたび暴力をふるうような家庭では、安定した暮らしなど望むべくもない。悪環境へのストレスから、再び誘惑にかられてしまうリスクがあるため、親元には帰さないという判断がなされることもある。

親が受け入れを拒んだり、サバイバー本人が故郷への帰還を望まなかったり、帰る家自体がない場合もそのまま延長滞在し、社会復帰に向けたリハビリ・プログラムが実施される。施設を出た後、自分の力で生活できるよう、確かな収入が見込める仕事の技術を指導するのだ。

マイティが活動を始めたばかりの頃の訓練科目は、縫製技術と機織り技術、ネパールの伝統とされるビーズアクセサリー作りに限られていたが、その存在が広く知られるに従って協力を申し出る国内企業が現れ、より実践的な訓練が行われるようになった。

17世紀の歴史建造物が多く残るカトマンズ盆地やブッダの生誕地ルンビニなど、数々の世界遺産を擁するネパールは観光立国だ。世界中から多くの旅行者が足を運ぶため、カトマンズには家庭的なゲストハウスから5つ星ホテルまで、数百もの宿泊施設が軒を連ねている。その中から、マイティの職業訓練に協力してくれるところが現れたのだ。例えば、旅行者に人気のタメル地区にある老舗ホテル「カトマンズ ゲストハウス」や、高級ホテル「ホテル アンナプルナ」は、ベッドメイキングや部屋の清掃を担うハウスキーパーのトレーニングを請け負ってくれている。優秀さと本人のやる気が認められれば、トレーニング修了後に採用してもらえるという条件だ。ほかにもヘアケアやフェイスマッサージ、メイクアップなどの美容技術、病院や商業施設の清掃、ベーカリーでのパン製造技術、レストランのウエイトレスといったトレーニングもあり、ホテル同様、たくさんのサバイバーが雇用に至っている。

プリベンション・キャンプ

こうしたリハビリ・プログラムによって、多くのサバイバーが忌まわしい過去と決別し、新たな人生をやり直している。しかし、そもそもインドに売られたりしなければ、彼女たちの心と体が傷つけられることはなかったはずだ。そのためマイティは、サバイバーの保護活動と並行し、人身売買の被害者を生まないための予防活動にも取り組んできた。そのひとつが、プリベンション・キャンプ（以下、キャンプ）の運営だ。人身売買のメインターゲットとされる貧しい子女を対象とした、全寮制の教育施設である。現在、ヌワコット、ナワルパラシー、ヘタウダの3カ所で運営されており、前期（6～11月）と後期（12～5月）に分け、1期あたり20人を定員とし、確実に収入が得られる技術の習得を目指した職業訓練を行っている。実際にどのような訓練が行われているのか、ラリグラスが支援するヘタウダのキャンプを例に挙げてみたい。

カトマンズから南西132キロに位置する中部ネパールの街ヘタウダは、国内有数の工業地帯だ。東西に走る2つの国道マヘンドラ・ハイウェイと、カトマンズに続くトリブバン・ハイウェイが通り、長距離バスや物資輸送トラックがひっきりなしに行き交っている。インドからの物資輸送の要として重要なルートだが、その一方でこうした交通の利便性が人身売買犯罪を誘発してきたともいわれている。

ハイウェイは、いくつも連なる山の間を縫うように走っている。山々には、タマン族の集落が点在している。ネパールの人口約2800万人は、120を超える民族で成り立っているが、2011年の人口調査によると、もっとも多い民族集団は16・6パーセントを占めるチェトリだ。次いで12パーセントを占めるバフン、7・1パーセントを占めるマガル、そして5・81パーセントを占めるタマンである。

人口としては少数派のタマンだが、インドの売春宿でもっとも需要が高い民族だ。比較的肌の色が白く、モンゴリアン系の顔立ちが客の人気を呼ぶのである。山あいに暮らしているため足腰が丈夫な点や、従順で扱いやすい性質も客受けする要素だ。つまりヘタウダ周辺には「商品価値」の高いタマン族の少女が暮らしており、インドへ輸送する地理的条件も整っているのである。

ラリグラスは毎年4月と8月に、ヘタウダのキャンプを定期訪問している。その都度、生徒は入れ替わっていることになるが、すべての生徒に共通するのは貧しい家庭に生まれ、十分な教育を受けてこられなかったという境遇だ。例えば、2019年の後期の生徒は全員が貧しいタマン族の家庭に生まれ、大半が小学校低学年で学校をやめさせられていた。

彼女たちの朝一番の仕事は水汲みだ。上下水道が整っていない村で、湧き水を汲みに行くのは女の子の仕事とされ、最低でも1日3～4回、30～40キロの水がめを運ばなくてはならない。なかには水場まで、往復1時間もかかると話す子もいた。以前はもう少し近くに水場があったというが、2015年に発生したネパール大地震以降、地殻変動の影響なのか、湧き水が枯れてしまったという。

「家の中でいちばん働くのは誰?」と尋ねてみると、皆が「お母さん」と答えた。「お父さんはお酒を飲みますか?」との質問にも、口をそろえて「飲みます」と返ってきた。この2つの質問からうかがえるのは、典型的な農村部の女性の暮らしだ。

女子に教育は不要とされ、幼い頃は家事を手伝う。嫁いだ後も畑仕事や家事を担い、子どもを産み育てるだけの人生をたどることになるのだ。家長である父親は、男性にしか扱えないとされる水牛を操るのみ。田畑を耕す際、ほんの少し働くだけで、明るいうちから酒をあおる。くわで土を掘り起こし、雑草を抜くといった重労働は、女性と子どもが担うのだ。

村の中で生まれ育った少女たちの人生は、母親のそれを踏襲することになる。キャンプは、そうした古い価値観のなかに生まれた彼女たちに、学ぶ機会と将来の夢を育んでもらうための施設なのだ。

確かな需要が見込める縫製技術

キャンプにおいてとりわけ力を入れてきたのは、縫製技術のトレーニングだ。採寸の仕方から型紙の取り方、布の裁断の仕方や足踏みミシンの使い方など、仕立ての仕事に必要な一連の知識と技術を指導し、修了時にはクルタ・サルワールやサリーのブラウスが仕立てられるようになるカリキュラムを組んでいる。

ネパールの女性は、日常的にクルタ・サルワールやサリーを着用する。前者は着丈の長いブラウスにバギーパンツ、大判のスカーフからなり、後者はペチコートとチョリというブラウスを着た上に、長さ5~11メートル、幅1メートルほどの一枚布を巻き付けて装う。どちらもネパール、インド、スリランカ、バングラデシュ、パキスタンなど、南アジアの女性が着用する民族衣装だ。最近、若い女性や都市部に住む人のなかには、Tシャツやジーンズ、スカートといったカジュアルなスタイルも増えてきているが、それでもクルタ・サルワールやサリーを着る人が多数派を占める。

これらの民族衣装は基本的にオーダーメイドだ。テーラーに生地を持ち込み、好みのデザインに仕立ててもらうシステムになっている。日本でオーダーメイドといえば非常に高価なイメージがあるが、南アジアではわずか数百円の仕立て代で済んでしまう。手頃な値段で自分だけの一着が得られるところも、民族衣装の人気を支える理由の一つで、たいていの街にはテーラーがある。軒先にミシンを置いただけの小さな店から、一緒に生地も扱う大きな店までさまざまだが、山間部になるとそうはいかない。いちばん近くても隣村にしか店がなく、1時間以上歩いて出向かなければならないというような地域もあるのだ。

人身売買犯罪のターゲットは、こうした辺境の地で生まれ育った女の子たちだ。狭い田畑を耕し、ギリギリ食べていけるぐらいの暮らしである。そこへ、いい仕事があると持ちかけられ、貧しさから逃れるためついて行ってしまうのだ。

だが、現金収入の道があれば、出稼ぎに行かずとも、村での生活が成り立つ。わずか半年で習得できる技術は初級レベルだが、テーラーがほとんどない地域なら、必要最低限の技術でも注文を見込める。しかし、資金がなければ店を開くことはできない。ミシンをはじめ針や糸、裁ちばさみや定規など、最低限の道具を揃えるだけでも1万2000ルピーを要する。裁ち台やアイロンといった十分な設備を整えるとなると6万ルピーは必要で、とても自力で工面できる額ではない。

マイティは、開業に必要な道具一式を提供する方針だったが、修了者全員に6万ルピーを支給するのは資金的に厳しかった。そこで2016年、ラリグラスは「テーラー開業プロジェクト」を立ち上げ、指定寄付を呼びかけて資金を集めることにした。その結果、多くの方にご協力いただき、これまでに70人余りの女性の開業が実現した。

成果

今でこそキャンプの活動は地域の人々に高く評価されているが、開設当初は肝心の生徒さえ集まらない状態だった。貴重な労働力を半年間も欠くことは、一家にとって痛手となる。いくら本人に学ぶ意欲があったとしても、親が送り出すことを渋ったのである。

マイティは集落の世話役の力を借り、娘のいる家庭を訪問してもらうことから始めた。そのなかでとくに生活状況の厳しい家庭の子女20名を絞り込み、根気強く親を説得して、なんとか了解をとりつけるという状態だった。

ところが、10年ほど前から黙っていても生徒が集まるようになった。キャンプの卒業生たちが故郷に帰った後、学ぶことの意義や楽しさを伝えることにより、人々の意識が徐々に変わっていったのだ。もっとも強い影響を与えたのは、キャンプで習得した技術を生かし、村で成功を収めた卒業生の姿である。なかでもクマリという女性の成功は、今もキャンプの先輩から後輩へと語り継がれるほどだ。

彼女が22歳のとき、夫が出稼ぎに行ったまま行方不明となった。2人の幼子を抱え、途方に暮れていたところでキャンプの存在を知り、子連れでキャンプに参加する。母親としての責任を果たさなければならないため、誰よりも熱心にトレーニングに取り組んだ。そのかいあって、故郷に戻って開いたテーラーは、瞬く間に月2万〜3万ルピーを売り上げる繁盛店に。それでも浮つくことなくつましい暮らしを続け、5年後に貯めたお金で土地を買い、小さな家まで建てたのである。

テーラーを切り盛りするかたわら、縫製を教える小さな学校を開いた女性も評判だ。彼女は幼い頃から勉強好きだったそうだが、家事の手伝いをしなくてはならず、7年生で退学させられた。それから5年後、キャンプへの参加が決まったときは本当にうれしかったという。縫製技術を教える講師の姿に憧れ、いつか自分も人に教えられるようになりたいと思うようになり、その夢を実現したのである。

テレサアカデミー

キャンプに並ぶ予防活動の一環として、マイティは女の子の学校教育にも力を注いできた。その象徴が、カトマンズ本部の敷地内にあるテレサアカデミーの運営だ。保育園、幼稚園、1年生から10年生までのクラスを設けた私立学校である。

生徒の半分は、校舎に隣接する宿舎で集団生活を送るマイティの女の子たちだ。親が貧しくて育てられず預けられた子。警察によって保護された後、マイティに連れてこられた捨て子やストリートチルドレン。身重の体でインドの売春宿から救出され、マイティで出産した元セックスワーカーの子。両親のいずれかもしくは両方をＡＩＤＳによって失った子など生い立ちはさまざまだが、共通するのはマイティに保護されなければ勉強する機会に恵まれなかった点である。

ネパールでは1年生から8年生までの8年間が無償の義務教育期間とされており、公立学校の場合、授業料無料かつ教科書も無償で配布される。9年生～12年生までの4年間が中等教育期間で、10年生の修了時にＳＬＣ（School Leaving Certificate）を受験するというシステムだ。ＳＬＣは、日本の高校卒業認定試験に相当するもので、全国一斉に統一の問題で実施され、合格率は50～60％といわれている。この試験にパスしなければ進学できないのはもとより、就職するにしても条件のいい仕事につけないとされるほど重要な試験だ。テレサアカデミーは、女の子たちが犯罪に巻き込まれることなく、豊かな未来を育むことができるよう、最低でもＳＬＣ合格まで勉強できるようサポートしている。

ちなみに、残り半分の生徒は、近隣に暮らす子どもたちだ。彼らからは授業料を徴収し、それを学校の運営費の一部に充てるシステムになっている。

水際で阻止する監視システム

前出のトランジット・ホームは、インドから救出されたサバイバーを一時的に保護する施設だが、もうひとつとても重要な仕事を担っている。人身売買を未然に防ぐことを目的とした、国境での監視業務だ。ボーダーガードと呼ばれるマイティのスタッフが２人１組となり、警察とともに２交代制で見張りに立っているのである。

国境を渡る人の大半が、オートリクシャー（三輪タクシー）や乗り合い馬車を使う。その一台一台を停止させ、「どこから来たのか」「どこへいくのか」「同行者とはどのような関係か」と尋ね、身分証の提示を求めるのだ。ここで少しでも疑わしい点があれば、個々に分けて話を聞き、それぞれの言い分に食い違いがあった場合は足止めを

テレサアカデミー

「マイティ・ネパール」が運営するテレサアカデミー。予防活動の一環として女の子に教育の機会を提供しているする。女の子はトランジット・ホームに保護し、連れの者は解放するか、犯罪のにおいが感じられれば警察に引き渡すのである。

周旋人はさまざまな甘言で少女を惑わし、国境を越えようとする。近年、急増しているのが、中東への出稼ぎを斡旋すると言ってだます手口だ。ネパール政府の発表によれば、出稼ぎ目的で出国する数は、男女合わせて１日７００人に上るという。しかし、法律上、女性がアラブ諸国方面に出稼ぎに行くことは認められていない。よって、まずは陸路でインドに渡り、そこから空路で中東に渡る方法をとっているのだが、その過程で人身売買されるケースが後を絶たないのだ。

２０１９年、ボーダーガードが保護した４人も国境を越えていれば、行き着く先はおそらくインドの売春宿だったことだろう。

彼女たちは1台のオートリクシャーに乗り合わせていたという。2人は「インドへ買い物に行く」と答えたが、そのあどけない様子から、自力でバスを乗り継いでインドにたどり着けるとは思えない。もう2人は「出稼ぎに行く」と答えたものの、パスポートを所持しておらず、危険な状況下に置かれていることは明らかだった。直ちにトランジット・ホームに連れて行き、根気よく聞き取りを続けると、インドへ買い物に行くといっていた2人もクウェートへ出稼ぎに行くつもりだったと打ち明けた。しかも4人とも同じ男に連れられて、国境にたどり着いたという。どう見ても未成年（18歳未満）と思われたが、なかなか実年齢を明かさなかった。周旋人は、国境で足止めされた場合を想定し、「年を聞かれたら成人年齢を答えろ」と言い含めている。未成年であれば本人の意思に関係なく、警察に保護されてしまうからだ。

しかし所詮は純朴な少女たちのことだ。カウンセリングを続ける過程で、必ず言い分にほころびが生じてくる。当初は「パスポートは村から連れてきてもらった男の人に預けてある」と答えていたが、いくら男の携帯電話を鳴らしても応答がないことで、騙されていた事実を受け入れ始める。最終的には、全員同じ村の出身で、年齢は14～17歳。親に黙って村を後にしたことを打ち明けたのだった。

ほかにも次々と新たな手口が生まれている。海外出稼ぎの斡旋業者を名乗る男に「インドにいい仕事がある。まずはトレーニングを受けなくてはならない」と誘われたケース。携帯電話に「宝くじに当たった。受け取りのためにインドに来てください」とのショートメッセージが届き、すっかり信じて国境を越えようとしたケース。このような稚拙な誘い文句に乗ってしまう人がいるとは信じがたいが、情報が届きにくい小さな村で、十分な教育を受けることなく生きてきた少女たちの視野は想像以上に狭い。ボーダーガードはそうした少女を危険から守るための最後の砦なのである。

監視業務が行われているのは、カカルビッタ、ビールガンジ、ビラトナガル、パシュパティナガル、バイラワ、ネパールガンジ、ナワルパラシ、ダンガリ、マヘンドラナガルなど国境沿いの9つの街と、幹線道路の起点となるカトマンズ郊外のタンコット、そしてカトマンズの国際空港の合計11カ所で行われている。炎天下にあっても、大雨の中にあっても、極寒の季節にあっても、休むことなく監視に立ち続けるボーダーガードのおかげで、毎年1000人を超える少女たちの人生が救われているのだ。

それでも人身売買は後を絶たない。なぜなら、1500キロに及ぶ国境線のすべてに目を光らせることなど不可能だからだ。河川に添ってひかれている国境は、乾季になれば歩いて渡れるところや、森を抜ければ渡れるところ、国境にまたがるようにして広がる田畑さえある。また、インド、ネパールの両国民はパスポートを持たずして往来できるため、監視ポイントを避けさえすれば簡単に越境できてしまうのだ。

こうした抜け道を塞ごうと、マイティはセーフティー・ネットづくりにも力を入れている。国境付近のコミュニティをネットワーク化し、街ぐるみで少女たちを見守る活動だ。3カ月に1度のペースで地域住民を集め、人身売買犯罪の事例を紹介し、どのように少女たちを守ればいいか、レクチャーするのである。警察や法律関係者の協力のもと、オートリクシャーやバスのドライバー、ホテルのスタッフを対象とした指導も行っている。不自然な組み合わせの通行人を見かけたら、警察に通報するよう要請するのだ。また、地域の学校の子どもたちを対象に、犯罪から自分の身を守るための啓発活動も行っている。

広がる被害者の裾野

時代の流れとともに、人身売買犯罪のターゲットにも変化が見られるようになった。かつて人身売買犯罪の標的とされたのは、基本的なインフラも整備されていない山あいの村に暮らす貧しい少女たちだった。しかし、社会システムの近代化に伴い、新たな騙しの手口が生まれ、被害者の裾野が広がっているのだ。衣食住に困ることもなく、教育の機会にも恵まれたごく普通の女子中高生が、インドに売られていくケースが目立ち始めているのである。

近年、急増しているのは携帯電話を使った手口だ。

一昔前のネパールでは、都市部であっても回線を引くのに高い費用がかかる固定電話を持つ家は多くなかった。そのため、街や村のあちこちに貸電話屋があったものだが、最近はほとんど見かけない。なぜなら十数年前から、ＳＩＭ形式の携帯電話やスマートフォンが急激に普及したからだ。ネパール電気通信局の報告書（２０１８年９

～10月版）によれば、電話を利用する人のうち98％が携帯電話を利用しており、固定電話を使用している人はわずか２％にとどまったという。

ここまで広く普及した理由は、中国製やインド製の格安携帯が出回るようになったからだ。本体が１０００円程度、ＳＩＭカードは１００円から購入でき、追加チャージも50円から可能だ。スマートフォンも同様、本体が５０００～６０００円。インターネット専用であれば20円からチャージできるという手軽さから、庶民にも手が届くようになったのである。おもしろいのは、使用者本人でなくともチャージができるという点だ。実はこのシステムこそが悪用されているのである。まず、狙いを定めた少女に間違い電話を装って電話をかける。言葉巧みに親交を深め、少女のＳＩＭカードにリミットが来たらチャージしてやる。電話のやりとりを続けて恋心を抱かせたところで、「インドに遊びに行こう」「結婚しよう」などと誘惑するのだ。

フェイスブックを通じて接触を図るケースも増えている。２０１７年12月、デリーの売春宿から救出され、マイティに保護されたマンカラ（17歳）も、フェイスブックによって人生を狂わされた一人だ。

カトマンズ市内で食堂を営む両親、中学生の妹と小学生の弟の５人家族。贅沢はできないまでも、暮らしに不自由はない典型的なネパールの中流家庭に生まれ育ったごく普通の女の子だった。そんな彼女を悲劇が襲う。

2016年4月、学校の友達に教わって開設したばかりのフェイスブックのアカウントに、〝かわいいね〟というメッセージをくれた男性がいた。載せていたプロフィール写真は、自分でも気に入っていた1枚で、そこからメッセージのやりとりが始まり、やがて電話でも話すようになった。

フェイスブックで知り合った男性と交際する友達も何人かいた。だから、見ず知らずの男性からのアプローチにも警戒心はなかった。相手はとてもやさしく、高校を卒業したら結婚しようと言ってくれた。知り合って1カ月ほどたった頃、デリーへ遊びに行こうと誘われた。「仕事で何度も行っているから街には詳しい。ネパールでは売っていない最新デザインの服を買ってやる」と言ってくれた。

親に話せば反対されると思い、東の空が白み始める頃に家を出た。バスで国境まで行き1泊。翌朝、国境を越えたところでバスに乗り換え、赤く熟んだホオヅキのような太陽が大地に沈む頃、4階建てのビルにたどり着いた。男はマンカラをそこに残したまま姿を消してしまった。そしてデリー警察によって救出されるまでの1年余り、売春を強いられたのだった。

マイティで心身のケアを受けた後、彼女は家族の元に帰っていった。その後、しばらくは家業を手伝うなどしていたが、半年もしないうちに嫁いだという。相手は遠縁にあたる15歳年上のタクシードライバーだ。妻を病気で亡くし、再婚相手を探していたところ、縁談がまとまったという。

男性には3歳の男の子がいた。18歳にして母の役目も担わなくてはならない結婚を本人が望んだとは思えない。だからといって、周囲の勧めに抗いきることはできなかったのだろう。悪い男に騙され、インドに売られた娘のことを、世間は傷モノになったとみなす。まともな縁談など望めるはずもないと案じた親が、手近なところで話をまとめたに違いなかった。

オフラインで出会える人はわずかだが、オンラインでの出会いの場は無限ともいえる。自宅に居ながらにして交友の輪を広げられるところがSNSの魅力と言えるが、一方でストーカー被害に遭うなどのトラブルも報告されている。そんな情報を知っていれば、警戒心が先に立ち、知り合って間もない相手からの誘いには乗らないのが普通だろう。ところがネパールの女の子のインターネットリテラシーはかなり低く、異性の誘惑に対して驚くほど無防備だ。「かわいいね」「好きだよ」などの言葉をかけられただけで、瞬く間に恋に落ちてしまうのだ。

ネパール国民が信じるヒンドゥー教は、自由恋愛を禁じている。とくに女子は、「父親に従い、嫁して夫に従い、嫡男を産み育て、成長した後は嫡男に従う」という三従を課され、清く正しく生きることを求められる。結婚はもちろんお見合いだ。初恋の甘酸っぱさも、恋煩いの悩ましさも、失恋の苦しさも、一つとして経験することなく嫁いでいくのが良しとされているのだ。最近では恋愛結婚も増加傾向にはあるが、親の世代はいまだ自由恋愛に否定的だ。恋人ができたとしても、親の目をかすめて相手と会わなくてはならない。「お寺にお参りに行ってくる」といって出かけ、境内の片隅でおしゃべりするぐらいだ。この程度では恋愛の経験値を上げられるはずもない。

テレビ放送やインターネット配信されるインドの恋愛映画も、彼女たちに少なくない影響を与えている。ネパール同様、インドもヒンドゥー教への信仰が篤く、映画業界は厳格な風紀秩序を維持し続けてきた。ところが昨今キスシーンが解禁となり、オブラートに包みながらもベッドシーンまで映し出されることもある。最近ではポルノ出身の女優が大衆映画に進出したとして、大きな話題になったほどだ。

もはや「結婚まで純潔を守るべし」との教えは過去のものとなりつつある。だが、若年層に対し、インターネットリテラシーの重要性を説くなど、時代の流れに沿った教育はほとんどなされていない。それが、ごく普通の女子中高生が人身売買の被害者となる原因となっているのである。

第2章

インドの売春宿、その歴史と現状

インド最古の売春街

ネパールの少女たちが売られていくインドの売春街とはいかなる場所なのか。なぜ、このような世界が存在するのか。

それを知るために、まずは彼の地の歴史を紐解くところから始めてみたい。

ムンバイは、インド西海岸に面するマハーラーシュトラ州の州都であり、人口1840万人を擁するインド第2の都市だ。その中心部に位置するカマティプラは、インドにおける性産業の歴史が始まった地であり、インド最大の売春街として栄えた一角である。

カマティプラという街の名の由来は、労働者を意味する〝カマティス〟、住む場所の意の〝プラ〟にある。

1795年、もともと7つの島に分かれていたムンバイを埋め立てるため、アンドラ・プラデーシュ州から駆り出された労働者たちが、この界隈に住み始めたのが街の成り立ちだ。そんなカマティプラが売春街へと形を変えたのは、インドがイギリス統治下にあった1889年のことである。

宗主国であるイギリスは、イギリスの下級軍人や軍に属する労働者を労うため、各地にコンフォート・ゾーンといわれる慰安所を設けた。カマティプラはその一つだ。当初、セックスワーカーとして供されたのは、インド人と英国人の間に生まれたアングロ・インディアンだった。そこには18歳未満の少女も含まれていたという。

もともと軍関係者のために作られたエリアだったが、やがて、現地の労働者たちも足を運ぶようになる。

小道が入り組む様子から、彼らの間では、サフェッド・ガリ（サフェッドは白い、ガリは狭い道の意）との呼び名で親しまれた。現在のレッド・ライト・エリア（日本で言う赤線地帯）という呼称が使われるようになったのは、しばらく後のことだ。売春宿の目印として、入口に赤いランプが灯されていたのが由来である。

１９２８年、政府はセックスワーカーに対し、ライセンスの交付を開始した。また、それぞれの売春宿に属するセックスワーカーの数を、店頭に記すよう促した。今も古い店の外壁には、その名残を見ることができる。

このように、当時、売春宿は公然と営まれていた。だが、イギリス支配から脱し、独立国となってから3年後の１９５０年、インド政府が発令した売春禁止法によって、赤線地帯は違法の街とされる。そしてそれを機に、この界隈は人身売買、強制売春、麻薬、マフィア、汚職警官など、ありとあらゆる悪の棲みかと化していった。

女の子の「値段」

『A Report on Trafficking in Women and Children in India 2002-2003』（デリー国家人権委員会、デリー国際連合婦人開発基金、デリー社会学研究所が合同で行ったNHRC-UNIFEM-ISS Projectにおける調査報告書）によれば、インドの性産業で働いている女性や少女の人数は、最大で100万人に上り、そのうちの30％が20代、15％が15歳以下と報告されている。そしてその多くが、人身売買され、売春を強要されているとのことだ。

売春宿は、客層や料金によって、3つのランクに分類できる。1つはコールガール売春宿、または高級売春宿と呼ばれるハイクラスの店だ。セックスワーカーは仕事を強要されているわけではなく、自主性に任されているとされるが、店から借金し、返済のために働く女性も少なくない。売れない女優やモデルなども在籍しているという。

料金はショートタイム（45〜60分）で、1000〜2500インドルピー（約1600〜4000円）、オールナイトで3500〜8000インドルピー（約5600〜1万2800円）。インドの庶民的な店で飲むチャイ（インドのミルクティー）1杯の値段が40円程度の物価に照らし合わせると、中産階級以上しか利用できない料金体系だ。

２つ目は、テレビや冷房など、最低限の設備を備えた売春宿だ。カマティプラにも数軒あり、ネパール人少女が人身売買されることも少なくない。料金は、ショートタイム（30分）で、１２０～１７５インドルピー（約１９２～２８０円）、平均１４０インドルピー（約２２４円）。１時間料金は、２００～３５０インドルピー（約３２０～５６０円）、平均２７５インドルピー（約４４０円）。オールナイトで、６００～９００インドルピー（約９６０～１４４０円）、平均８００インドルピー（約１２８０円）が相場だ。客の多くは、タクシードライバーやトラック運転手、商売人などだが、大学生など若年層の利用者も増えてきている。

３つ目は、カマティプラやフォークランド・ロード、プネーのブタワルペットといった古くからある売春街の店で、もっともオーソドックスなタイプだ。店の造りは非常に簡素で、部屋にはベッドが置かれているだけである。マットレスはひどく汚れ、十分な水場もない不衛生な環境だ。しかも、それぞれのベッドはベニヤやカーテンで間仕切りされているだけで、プライバシーなどこれっぽっちも配慮されていない。

待合室にはテレビもなく、小さな卓上扇風機が置かれているだけで、夏場は店全体が蒸し風呂のように暑い。その分、料金も格安でショートタイムは80～１００インドルピー（約128～160円）、平均90インドルピー（約144円）。一時間料金は、150～200インドルピー（約240～320円）、平均175インドルピー（約280円）。オールナイトで、400～600インドルピー（約640～960円）、平均500インドルピー（約800円）という設定である。この手の店に出入りする客は、人力のリクシャー引きや単身出稼ぎ者といった低所得者層だ。十分な教育を受けていない彼らに、感染症予防の知識は期待できない。シャワーの設備もないなか、濡れタオルで体を拭いただけの彼らを相手にするのだ。

私は、取材や調査のためにRFの救出活動に同行して、デリー、コルカタ、ムンバイ、メラット、プネー、アグラなどの最低クラスの店に何度か入ったことがある。いずれも劣悪な環境だったが、年間平均気温が27・5度、夏季は30度以上の日が続くムンバイの店はとくにひどかった。脱走を防ぐためなのだろう。ほとんど窓がないため、内部はゆだるように蒸し暑く、足を踏み入れて数分のうちに汗が体を伝った。通路は体を斜めにしなければすれ違うこともままならず、客を迎える部屋は鼻先がつかえるほど狭かった。もっとも残っているのは嗅覚の記憶だ。汗、安物の香水、ヒンドゥーの神に捧げられたお香、スパイス、タバコ、安酒、マリファナ――。これらの濁った臭いが鼻をつき、必要最低限の呼吸しかできないほどだった。

ネパールの女の子が人身売買される先は、ほとんどこのクラスの売春宿である。

レスキュー・ファンデーション（ＲＦ）の内偵活動

ＲＦの最たるミッションは、売春宿から人身売買被害者を救い出し、一人ひとりの人生を再構築することだ。しかしそれは、非常に困難な活動である。なかでも売春宿からの被害者救出は、長い時間と多大な労力を費やすことになるのだ。

ＲＦには、数人の内偵スタッフがいる。協力者からの情報を基に、客を装って売春宿に潜入し、救出すべき被害者の居所を突き止めるのが彼らの任務だ。協力者は、衣類や装飾品を売る出入りの商人や、情を通じた女の子を解放してやりたいと願う客などさまざまだ。ライバル関係にある売春宿のオーナーやブローカーなどから情報を得ることもある。たくさんの若い女の子をそろえた店は自ずと繁盛し、客を奪われる側はおもしろくない。そうした店に内偵スタッフがアプローチして、情報をリークさせるのだ。こうした協力者とつながりを作るのも、内偵スタッフの仕事の一つである。

救出の対象が絞られたとしても、すぐに売春宿に踏み込むわけにはいかない。まずは、慎重かつ丁寧なカウンセリングを行わなくてはならないのだ。

インドの売春法は、売春宿の経営は禁じているが、売春行為自体を明確に禁止しているわけではない。2022年5月、最高裁は売春を合法的な職業と判断し、自らの意思でその行為を選択している成人（18歳以上）である限り、セックスワーカーを救出し、売春業者に刑事処分を課すことはできないと裁定したのである。

しかしそれは、成人による自発的な売春行為に限ってのことだ。未成年者が強制的に働かされている場合は、売春法によって直ちに救出しなくてはならないとされている。だからこそ、事前のカウンセリングが重要なカギとなるのだ。

女の子たちは強力にマインドコントロールされた状態にある。年齢を聞かれたら18歳以上と答えるよう言い含められ、連れて行かれればもっとひどい待遇の売春宿に転売されるなどと、外の世界への恐怖心を植え付けられている。そのため、十分な事前準備も行わないまま売春宿に踏み込んだとしても、「私は未成年ではない。自分の意思で働いている」と主張されるのがおちだ。本人が売春宿から逃れたいと願わない限り、救出ミッションは成功しないのである。

マインドコントロールを解くため、内偵スタッフは客を装って売春宿に通いつめ、カウンセリングのチャンスを探る。薄い壁の向こう側では、常に店側の人間が耳をそばだてているため、堂々と行うわけにはいかない。また、不自然に長居するのも怪しまれるため、慎重に事を進めていかなくてはならない。

隠し部屋を探し出す

ＲＦでもっとも力量が高いとされるネパール出身の内偵スタッフがいる。インドの女の子にはヒンディー語でアプローチするが、ネパールの女の子に対して母国の言葉を操れるのはとても有効だ。彼はこんなふうに切り出すという。

「僕の家はネパールのバイラワだ。国境近くの町だけど知っているかい？　仕事でムンバイに単身赴任しているんだ。家族となかなか会えないから淋しくてここに来たんだ。話をするだけでいい。話をしてリフレッシュしたい。君もネパール出身だよね？故郷はどこなの？」

性的なサービスを求めることはなく、穏やかな口調で世間話に徹する。何かと要求の多いほかの客とは違うところを印象付け、好感を抱いてもらうところから始めるのだ。そうして何度か通ううちに心を開き始めたら、カウンセリングを開始する。外の世界は決して恐ろしくない、警察に捕まったり、転売されるようなことはない、希望すればＲＦのシェルターホームで勉強することもできる、今の苦しみから解放されるには救出されるしかないということを理解させ、救出されたいという意思を持つよう説得していくのである。

このとき、内偵スタッフはペンタイプや眼鏡タイプ、腕時計に見せかけた隠しカメラを密かに持ち込み、カウンセリングの様子を撮影する。その中で実年齢を聞き出し、裁判の際の証拠とするのだ。

隠し部屋の場所を聞き出すのも重要なカギとなる。たいていの売春宿は、天井裏や壁の後ろに隠し部屋を設けている。警察の摘発があるという情報が入ったら、未成年の女の子たちをそこに隠してしまうのだ。その構造はなかなか複雑で、一見ではわからない。例えば、トイレの天井の通気口の向こうに、隠し部屋が設けられていたことがあったそうだ。直径30センチほどの穴を人が出入りするなど、誰が想像するだろう。だが、十分な栄養を与えられず、劣悪な環境で酷使される未成年の小さな体であれば、くぐり抜けられてしまうのだ。このように、救出作戦を成功させるためには、売春宿の構造を知ることが必須条件となるのである。

内偵捜査は、つねに危険と背中合わせだ。ただの客ではないことが発覚すれば、無事では済まない。事実、ムンバイ最大の売春街・カマティプラに通いつめるうちに素性が割れ、100人近い売春宿のおかみたちに襲われそうになった内偵スタッフもいる。辛うじて脱出したものの、捕まっていれば命の保証はなかったはずだ。しかも、一帯に彼の顔写真が出回ってしまったため、何年もたった今でも近くを歩くことさえできない状態にある。

救出ミッションの決行

内偵を終え、救出のめどが立ったところで、警察に協力を求める。ここでも細心の注意が必要だ。最寄りの警察署には、売春宿と内通する悪徳警察官がいる。こうした輩に動きを察知されれば、女の子たちを隠し部屋に閉じ込めたり、一時的に別の場所へ連れて行かれてしまうからだ。そのため、レスキュー当日の5時間前まで、摘発対象の場所も決行の時間も、警察上層部とRFの間の極秘事項とし、密かに準備を進めることになっている。それでもいつの間にか情報が漏れ、失敗に終わることも少なくないのが実情だ。

たとえ計画どおりに踏み込めたとしても、すべてが成功するとは限らない。マインドコントロールがあまりにも強く、どれだけ力を注いでも洗脳を解くことができない女の子や、その環境にすっかり順応してしまった女性たちを、限られた時間の中で救い出すのはとても難しいことなのだ。

救出ミッションは、RFのスタッフと警察官、2名以上のソーシャルワーカーがチームを組んで実行される。陣頭指揮は警部以上の役職を持つ警察官が行い、必ず女性警察官が同行するルールだ。ソーシャルワーカーは、売春宿の女性たちを一人でも多く救出するために、現場で女性たちを説得するために同行する。そして、18歳以上の女性一人ひとりに、「あなたはここから出たいですか？　それともここに残りたいですか？」と尋ねるのだ。

ここで、「出たい」と答えれば救い出される。しかし、「出たくない」と言えば無理強いはできないのだ。

救出を拒むのは、長い時間、売春宿での生活を送ってきた女性たちだ。当初は誰もがそこから逃れようとする。しかし、反抗的な態度は激しい暴力で押さえつけられ、間もなく諦めの境地に達する。太刀打ちできない苦しみの中で生き抜くために、彼女たちは本能的に感覚を麻痺させる。やがて、その環境に順応し切ってしまう者も少なくない。籠の中で育った鳥は、自分が大空を飛べることを知らない。彼女たちは、籠の中の鳥のごとく、広く大きな空を記憶から消し去ることで辛うじて生き抜くのだ。

それでも時間が許す限り、説得にあたるが、彼女たちはこう言って突っぱねるという。「今さら助けに来ても遅すぎる。故郷に帰ったところで家族が受け入れてくれるはずはない。結婚だってできやしない。野垂れ死にするしかないじゃないか。だったらここの暮らしのほうが、よっぽどおもしろおかしく生きられる」と。

売られてきた女の子たちは、その子を買った値段の元が取れるまで無給で働かされる。だいたい向こう5年程度とされるが、働きによってそれより短い場合もあれば、長い場合もある。無給の期間が終わった後は、多少の金が手元に入るようになる。店側が８割、女の子が２割といった配分が相場だ。

決していい条件とはいえない。むしろ明らかな労働搾取だ。それでも、衣食住が保証され、客のおごりで酒やタバコを呑み、時には客との恋を楽しむなどしていたほうがよほどいいというのだ。

彼女たちの言うとおり、この先、幸福な人生が歩めるのかと問われても確約はできない。

ヒンドゥー教の教えが強く根付いているネパールやインド社会では、女性の処女性が重視されている。たとえ強制的であったとしても、セックスワーカーとして働かされていた女性は白眼視されることになる。もともと地位の低い無教養の女性が、自立の道を切り開くことも簡単ではない。そのため、社会の偏見や差別の目、生活苦に耐えかねて、今度は自らの意思で売春宿に帰ってくる女性は40％にも上るのだ。

売春宿で生きることを選択した女性たちのその後の人生の選択肢は限られている。煮炊きや洗濯などを担うヘルパーとして、売春宿に住み続ける女性がいる。年齢を重ねるごとに商品価値を下げ、タバコ１本分程度の値段で身を売り続ける女性もいる。路上でフリーの売春婦となる女性もいれば、女の子を騙して連れ去るトラフィッカーになる女性もいる。その一方で、従順に働く姿勢が売春宿のおかみに気に入られ、マネージャーに昇格し、警察や地元の政治家と渡り合い、マフィアの情夫の力を得て、自分の店を持つまでになるやり手もいる。

だが、そんな女性はほんの一握りだ。一旦、この世界に売られたら、ＲＦのような存在に救出されない限り、闇の中からはい上がることは極めて難しいのである。

救出された少女たちと向き合う

ＲＦは、１９９３年にマイティのムンバイ支部として、「マイティ・ネパール・ムンバイ」として立ち上げられた。トリベニさんの夫のバルクリシュナ・アチャルヤ氏が代表を務め、強制的に働かされている女の子たちを売春宿から救出することを目的とした団体だ。インド出身の被害者は政府が運営するシェルターに保護を求め、ネパール出身の被害者はマイティへ送り届ける仕組みだった。その後、マイティとの協力関係は維持されたまま、２００２年、「レスキュー・ファンデーション」に改名して独立組織となる。そして、オランダのＮＧＯの支援で、ムンバイのボリバリにシェルターホームと呼ばれる保護施設を設けるに至った。

これを機に活動の幅が広がった。初めの2年間、活動範囲はムンバイの赤線地帯に限られていたが、後年、その対象範囲をニュームンバイやプネー、スラットにまで拡張する。当時、ニュームンバイには600軒、ムンバイから175キロ離れたプネーには400～450軒、スラットには400軒の売春宿が存在し、救出すべき被害者の数は十万人にも上るといわれていた。活動内容も拡大され、マイティ同様、救出後の被害者のリハビリ・プログラムも行うようになった。

RFの活動は、常に危険をともなうものだった。売春宿に乗り込んだ際、売春宿のおかみや用心棒役を務めるマフィアに激しく抵抗されることもあれば、普段の生活の中で身の危険を感じることもあった。大きな利益を生む人身売買犯罪組織にとって、バルクリシュナは邪魔者にほかならない。抹殺を企てる者がいても不思議ではなく、元軍人の彼は護身のためにジャックナイフを携帯し、オフィスには散弾銃を備えるほどだった。

そんなバルクリシュナが2005年、急逝する。深夜、高速道路を走行中、分離帯に激突し、即死の状態だった。

彼の存在はあまりに大きく、誰がその活動を引き継ぐかが深刻な問題となった。1

カ月以上も結論にたどりつけず、関係者の間には焦りが広がった。そこで声を上げたのが、マイティのアヌラダさんだ。

「トリベニ。いつまでも泣いていてはダメよ。今こそ妻のあなたが、バルクリシュナの遺志を継ぐべきです。人身売買問題は女性の問題なのだから、あなたこそ適任者なのです」

当時のトリベニさんは、グラジャート語の新聞記者として、殺人やテロ、人身売買など、ムンバイの社会問題を取り上げ、精力的な記事を発表し、ムンバイでは名の知れた新聞記者だった。だが、アヌラダさんはじめ周囲の人々の強い要請により、その職を辞して活動に専念することにしたのだった。

こうしてRFは数々の困難を乗り越え、これまでに1万人あまりの少女たちの人生を救ってきた。だが、救出ミッションを成し遂げれば終わりというわけではない。むしろ、それから先にこそ、時間もエネルギーも費用も要する大切な活動が控えているといえる。

売春宿から救出された少女や女性たちは、心と体に深い傷を負っている。その一人ひとりに医療ケアとカウンセリングを施すところから始めなくてはならない。たいてい数カ月ほどで落ち着きを見せるようになるが、売春宿での生活が長かった女性になるとかなり反抗的だ。スタッフにつかみかかることもある。それでも根気よく相手と向き合い、長い時間をかけて心を解きほぐしていくのだ。

次の段階は、社会に戻すためのサポートである。学齢期にあればインドのカリキュラムに準じた教育を行い、それ以上の年齢にあれば職業訓練を施した後、就業の機会をアレンジする。その後は、親元に帰すことを最善策としているが、帰る故郷がない女性たちには、社会復帰に向けて仕事と住まいを調える。または、身元のしっかりした相手との結婚をアレンジすることもある。

人身売買犯罪に加担した者を罰するため、訴訟も起こさなくてはならない。オフィスには弁護士が詰めており、常時、数十件の裁判を抱えている状態だ。

こうした一連のサポートを、常時５００名前後に対して行っている。インドで人身売買問題に取り組んでいるＮＧＯはいくつかあるが、売春宿から被害者を救出する活動を行っている団体は、ＲＦのみといっても過言ではない。「私たちはレスキューを行っている」という団体はほかにもあるが、正しくは「レスキューに同行している」と表現すべきであろう。警察主導で売春宿を摘発する際は、ＮＧＯスタッフの同行が義務付けられている。つまり、「レスキューを行っている」という団体の多くは、摘発の要件を満たすために警察からお呼びがかかり、現場に赴くに過ぎないのだ。

独自の保護施設を運営する団体も非常に少ない。入所者の衣食住、医療、教育費やスタッフの人件費など、多くの運営費がかかるからだ。そのためほとんどの団体が、政府運営のシェルターや被害者のもとを訪ね、一定期間、カウンセリングや教育支援などを行うデリバリー型の活動スタイルをとっている。また、国連や大手国際NGOからの要請により、人身売買問題に関するリサーチを行うなど、ペーパーワーク中心の団体も少なくない。

自ら困難な道を進み続けるRFの活躍は、国内外で高く評価され、「世界婦人デー・国民のヒーロー賞」（2007年）、「第5回アジア民主主義・人権大賞」（2010年）、「女性功労者100人・インド大統領賞」（2016年）、「奴隷制度廃止のために活躍した英雄賞」（2018年）など、数々の賞を授与されている。

変わりゆく性産業

そんなRFの活動の場に変化があった。1つは、一世紀以上にわたってインド最大の売春街として栄えたカマティプラだ。変化の兆しが見え始めたのは、10年ほど前のことである。

2000年代、インドは中国並みの8〜10％の成長を続け、アジア屈指の新興国として発展した。毎年、デリーやムンバイに足を延ばす私は、メトロが開通し、瀟洒なインテリジェントビルが次々と建築されていく様に目を見張ったものだ。

ムンバイの中心部にあるカマティプラも、そんな都市開発計画に組み込まれることになった。18世紀時代の建造物を取り壊すなど、新たな街づくりを始めたのだ。象徴的なのは、赤線地帯と通りを隔てた一角にオープンした大型ショッピングモールだ。かつては、地名を聞いただけで眉をひそめ、決して足を踏み入れることのなかった人たちがそこに買い物に訪れるようになったのである。

この頃から、カマティプラの売春宿が一つ、二つと店を畳み、かつての猥雑な賑わいはなりを潜めていった。近い将来、かつてそこが悪の巣窟であったことなどみじんも感じさせない近代的な街並みとなることだろう。

しかし、赤線地帯としてのカマティプラが過去のものとなったとしても、性産業が消滅したわけではない。売春宿の経営者たちは、ムンバイの郊外に拠点を移し、今も営業を続けているのだ。

それによって、ＲＦの救出活動はさらなる困難を課せられることになった。これまでは、カマティプラというひとつのエリアをターゲットに潜入捜査を重ね、準備が整った段階で急襲するという手法だったが、数百軒に上る売春宿が郊外に分散したため、ターゲットの特定が難しくなったのだ。しかも、民家を借り切るなどして営業しているため、目印となるものさえない状況だ。そのため、人員的にも戦術的にもさらなる難度を強いられるようになったのである。

もうひとつ、RFの救出活動を阻む難敵が現れた。以前のままの形を保っているデリーのG.B.ロードも、これまでのやり方だけでは太刀打ちできなくなってきたのだ。G.B.ロードとは、2階建てや3階建ての建物が立ち並ぶ数百メートルの通りだ。1階には自動車部品や工具を扱う店舗が入り、2〜3階に70〜80の売春宿があって、約2万人のセックスワーカーが働いているといわれる歓楽街である。

インドでは、2009年からアダル(基礎の意)という国民IDシステムが導入され、これまでに12・3億人以上が登録を終えた。公共福祉サービスの効率的な提供や、不正行為の防止などが導入の目的だが、赤線地帯においてこのシステムが悪用されているのである。

登録を終えた国民には、アダル・カナルというIDカードが発行される。これを偽造し、売春宿で働く女の子たちに所持させているのである。

繰り返しになるが、救出ミッションの際、18歳未満の未成年であれば、本人の意思にかかわらず救出することができる。しかし、18歳以上の成人の場合は、「自分の意思で働いている」と本人が言えば、無理に救い出すことはできない。そこで売春宿側は、未成年の女の子たちに、年齢を18歳以上とした偽造カードを持たせ、摘発に入られた際、「自分の意思で働いている」と証言させているのである。

客層の変化

街並みが変容しつつあるように、インドの性産業自体にも、さまざまな変化が見られるようになった。かつて、赤線地帯に足を向ける客は、人力のリクシャー引きや工事現場の作業員、タクシーやトラックドライバーといった低所得者層が大半だった。そのため、春を買う料金も数百円からと、実に廉価に設定されていた。しかし、近年、客層はその幅を大きく広げている。会社員や学生など、以前なら決して足を踏み入れることのなかった人たちが、今や顧客の多くを占めているのだ。

敬虔なヒンドゥー教徒の国インドは、自由恋愛や性表現がタブーとされていた。ポルノはもちろんのこと、外国映画も制限され、国内で製作される映画のラブシーンも、日本で純潔教育が行われていた時代のような作りのものばかりだった。しかし、経済自由化に舵を切った１９９３年以降、異国文化が大波のように押し寄せた。濃厚な性描写が盛り込まれた海外制作の映画も、テレビの専門チャンネルで鑑賞できるようになり、インターネットの普及によってポルノにもアクセス可能となった。こうした社会背景が、大学生をはじめとする若年層の性への関心を一気に高めたのだ。

　男性の結婚難も理由の一つであると推察される。インドは、男性人口10に対し、女性人口は8・8とアンバランスな比率だ。ハリヤナ州、グジャラート州、パンジャーブ州になると、女性人口はさらに下回り、男性人口10に対し、女性人口7となっている。つまり、男性が余っている状態なのだ。

　30年ほど前から出生前性別診断が行われるようになり、女児とわかると中絶を選択する夫婦が増えたことが原因だ。ヒンドゥー教の教義では、嫡男を生み育てることが人生の義務とされている。また、負担の大きい花嫁の持参金の慣習があることから、女児の誕生を望まない人は多いのだ。

　なかなか伴侶に恵まれない男性の中には、女性との交流を売春宿に求める者も少なくない。警察や人権団体の一部の人から、「結婚相手のいない人たちのために、性欲のはけ口として売春宿は必要だ。そうした場がなければ性犯罪が増える」といった声も聞かれ、違法としながらも必要悪として容認する人も増えつつあるのだ。

　客層の変化に伴って、店のサービスや料金にも変化が生じてきている。

　デリーの赤線地帯、G・B・ロードを例に挙げてみる。利用料金は4種類あり、もっとも安価なのはショートステイ（15分間）４００インドルピー（約６４０円。１インドルピー＝１・６円）だ。次に１時間１０００インドルピー（約１６００円）。ハーフナイト２５００インドルピー（約４０００円）、オールナイト５０００インドルピー（約８０００円）というのが現在の料金体系である。私が人身売買問題の取材を始めた１９９６年当時の数倍の値段だ。

料金の高騰に伴い、サービスの内容にも変化があった。

かつての売春宿は、一見してその目的のためだけに設けられたとわかる空間だった。しかし最近は、冷房の効いたラウンジスペースで、酒を飲みながらバーガールと歓談し、その中から気に入った一人を指名して、本来目的のサービスを受けるといった形態も増えてきている。最近のトレンドは、マッサージパーラーとエスコートサービスだ。前者はマッサージの施術と性サービスを提供する店である。後者は、アプリを使って女性の写真や動画を流し、そこから客が選んだ女性をアパートやロッジに派遣するシステムだ。どちらもゆっくり楽しめる場として人気が高い。

客層が厚くなり、価格も上がったインドの性産業は大きな利益を上げている。

前述のG．B．ロードについていえば、現在、70～80の売春宿が店を構え、全体で約２万人の少女や女性が働いているといわれている。ひとりのセックスワーカーが１

時間1000ルピーの客を1日平均10人取ったとし、年間300日営業したとすれば、1年間で600億インドルピー（約億960億円）の売り上げだ。

売春宿に属するセックスワーカーの数は、ムンバイで1万2000〜1万5000人。デリーで2万人。コルカタで1万5000人。メラットで3000人。アグラで2000人。そのほか、バーガールやマッサージパーラー、エスコートなどを含めると、性産業に従事する少女や女性の数は、インド全土で200万人にも上るとされる。そして、性産業が生む利益は、年間数兆円ともいわれているのだ。

現在のインドの売春法では、成人の自発的な性労働自体は違法ではないとしている。しかし、人身売買や監禁、強制労働、売春宿の所有は違法としており、ときどき警察が立ち入って摘発を行う。それでも、いまだ人身売買や強制売春が絶えることはない。なぜなら、それは小さな元手で大きな儲けが見込めるビジネスだからである。

新たなニーズ、変わらない需要

ネパール以外の女の子を人身売買のターゲットとするケースも増えてきている。筆頭は、ネパール同様、インドと陸続きにあり、アジア最貧国の一つとされるバングラデシュの少女たちだ。民族的にインド人と変わらない容姿を持ち、コルカタの人々と同じベンガル語を話すため、不法滞在をごまかしやすいことから、もともとターゲットとされていたのだが、昨今、犯罪件数が急増しているのだ。

インドの国家犯罪記録局によると、２０１０～２０１６年に報告された人身売買３万４９０８件のうち、コルカタを州都とする西ベンガル州での取引が４分の１近くを占めたという。人口が国全体の約７％に過ぎない同州にしてはあまりに大きな割合だ。また、同州で行方不明になった子どもの数が２０１７年だけで８１７８人と、インド全体の８分の１近くに上ったという。

西ベンガル州は、ネパール、バングラデシュと長い国境線で接しているため、国境警備が手薄になる場所が生まれてしまう。そうした盲点を突いて、ネパールやバングラデシュの少女たちが集められてくるのである。

東南アジアや中央アジアの少女が犯罪に巻き込まれるケースも見られている。ダンサーとして入国させ、売春宿に売り飛ばすという手口だ。２０２０年、ＲＦはタイの少女５名、ウズベキスタンの少女３名、トルクメニスタンの少女２名、ウガンダの少女３名を保護し、母国へ送還した。新たな供給源として、売買ルートが確立されつつあるとのことだ。

それでもなお、幼さを感じさせるモンゴリアン系の容貌と、コントロールが容易な従順な性格を持つネパールの少女の人気は不動だ。2012年9月31日、RFによってメラットの売春宿から救出された当時17歳の女の子は、その人気の高さを物語っていた。

彼女はネパール東部・ジャパ郡のチャルアリという村の、ジョギという低カーストの家に生まれた。厄払いになるといわれる貝を吹きながら村を練り歩き、米や金銭の謝礼で生活する民族だ。収入は常に不安定で、両親、3人の兄との暮らしは貧しかった。それでも8年生までは学校に通わせてもらったが、13歳になるとインドとの国境の街カカルビッタに働きに出ることになった。

ネパールやインド人向けの小さなロッジで、掃除や洗濯、調理補助をしながら1年ほどたった頃、客の男に騙され、デリーのG．B．ロードに売られた。初めての客は15万インドルピー（約24万円）の金を積んだという。白い肌や処女であること、14歳という幼さに高値がつけられたのだ。その後、プネー、メラットと高値で転売され、3年にわたって店きっての売れっ子として酷使された。

救出時は満身創痍の彼女だったが、RFによって手厚いケアを受け、次第に回復していった。すると、売春宿の経営者らを相手どった訴訟に協力したいと申し出た。売られた日から救出されるまでの経緯を便箋にしたため、裁判が始まると証言台に立ち、自分を苦しめた人たちを罰してほしいと訴えたという。

大半の被害者は、法廷に立つことへの恐怖心から、訴訟を起こすことに二の足を踏む。裁判に臨んだところで失われた時間が取り戻せるはずもなく、一刻も早く忌まわしい過去から解放されたいと願うのだ。そうしたなか、彼女は勇気ある行動を起こしたのである。

裁判を終えて村に帰った彼女は、間もなく結婚した。幸いＨＩＶ／ＡＩＤＳなど感染性の病にもかかっておらず、家族以外に、売春宿で働かされていた事実は知られていなかった。13歳で親元を離れて以降、ずっと街中で働いていたことにしたのだ。

彼女を食いものにした売春宿のおかみたちは禁固刑に処せられた。しかし、刑期はわずか1年ほどであり、瞬く間に釈放されて売春宿を再開したという。裁判官に多額の賄賂が渡っていたようだ。売春宿の経営者は、法の番人さえ懐柔できるほどの財力を備えているのである。

需要がある限り、ブローカーらは供給に手段を尽くす。売春宿が未成年者を買い取る値段は年々つり上げられ、現在70万インドルピー（約112万円）。18～20歳の容姿端麗な女性であれば40万～50万インドルピー（64万～80万円）。ブローカーにとって、ネパールの少女はまさに金のなる木なのだ。

インドの街並み、客層、値段、犯罪の手口——。時代とともに性産業を取り巻くさまざまなものが確実に変わってきている。しかし、娼窟に売られた少女を待ち受けるものは、なんら変わることはない。汗と安物の香水とアルコールとタバコの臭いが入り混じり、息苦しさを覚える空間で、彼女たちの心と体が今この瞬間も深く傷つけられている。人が売り買いされる歴史は、絶えることなく刻まれ続けているのだ。

第3章

救出された少女たちの社会復帰

RFとマイティに救われたサリタ

1993年の活動開始から、ネパールのNGOマイティ・ネパールは、多くの女性たちを救ってきた。5501人の行方不明届けを受付け、5万2394人の、人身売買被害者を救い、3000人以上の被害者に仕事を提供し、1802人の売人を有罪にしたのだ（2024年1月現在）。

インドのRF（レスキュー・ファンデーション）もまた、これまでに1万人を超える人身売買被害者を救った。マイティとRFの功績は、これらの数字に表されるだけではない。人生を立て直すことができたサバイバー一人ひとりの姿こそが、彼らの支援活動のすばらしさを物語っているのだ。

なかでもサリタ（43歳）のケースはもっとも印象的である。2000年にRFが成功させた最大規模のレスキュー活動で救われた一人であり、努力の結果、マイティのスタッフに抜擢された女性だ。

私にとっても彼女は忘れることのできない存在である。どのような環境で生まれ育ち、どのようにインドに売られ、売春宿でどのような仕打ちを受けたのか、もっとも多くを語ってくれたからだ。また、大きな幸せをつかんだ一人といえる。そんな彼女について記していきたい。

サリタは、1980年、カトマンズ市内の貧しい家庭のひとりっ子として生まれた。2歳のとき、父親が亡くなり、母子の暮らしは困窮を極めた。3年後、知人の口利きで母親が再婚した。それを機に、サリタは叔母の家に預けられることになった。

そこでの暮らしも苦しいものだった。従兄弟たちは学校に通わせてもらっていたが、サリタは学校に入れてもらえず、家事の手伝いをする毎日だった。

そんな彼女に幸運が訪れる。貧困家庭の子どもに教育支援を行う日本のNGOのサポートで、公立学校に通わせてもらえることになったのだ。叔父はいい顔をしなかったが、これまでどおりきちんと家事をこなすことを条件に、なんとか許しを得たのだった。

勉強すること自体が楽しくてならなかった。将来は学校の先生になりたいと思うようになっていた。ところが彼女の前途は、突然、断たれることになる。9年生に進級する目前で、日本からの支援が打ち切られることになったのだ。どのような事情があったのかはわからないが、日本国内のNGOの大半は慢性的資金難の状況にある。サリタが支援を受けていたNGOも、資金不足を理由に撤退せざるをえなかったのかもしれない。いずれにしても、頼みの綱が断たれた彼女は、8年生の途中で退学せざるをえなかった。

その後は家事を手伝うなどして過ごしたが、叔父との折り合いが悪く、常に肩身の狭い思いをしていた。そんなある日、若い女性が同居するようになり、やがて叔父の2人目の妻として迎えられた（ネパールは当時、重婚が認められていた）。

叔母に同情したサリタが抗議したことで、叔父との関係性はさらに悪化した。居づらくなった彼女は家を出ることにする。叔母は、引き留めるどころか安堵の表情を見せた。これで厄介払いできると思ったようだった。

キャビンレストラン

17歳の少女が頼れる先は実家しかなかった。母親の再婚相手は役所の雑用係をしており、母親も通いの家政婦をしていたが、生活が苦しいことは一目でわかった。サリタも家政婦の仕事について家計を助けたが、事あるごとに継父に厄介者扱いされた。

ここも出ていくしかなかった。それには部屋を借りるお金が必要だったが、家政婦の賃金など微々たるものだ。一緒に働いていた先輩に相談すると、プールハウスを紹介してくれた。ビリヤードを楽しみながら酒が飲める店で、ウエイトレスとして働けば、月に2000ルピーもらえるという。すぐにその話に飛びつくが、半年もたたないうちに閉業してしまった。

困ったサリタは店の常連客に相談を持ち掛ける。すると、なかの一人が就職先を斡旋してくれた。

そこはキャビンレストランだった。酒を作り、客の話し相手をする仕事と聞いていたが、働き始めてすぐに実態を知る。チップ次第で客はたいていのことを要求できるのだ。固定給は月１５００ルピー。チップで稼がなくては十分とはいえず、先輩の女性たちは目を覆いたくなるような求めにも応じていたが、サリタにはとてもまねができなかった。そのため、稼ぎは月２０００ルピーにも満たない。部屋を借りる資金など貯まるはずもなく、ほかの仕事を当たろうと考えていたとき、職場の仲間からダンスレストランを紹介された。勤務時間は14時から22時。固定給２５００ルピーに加え、ダンスを披露すればチップも入るとのことだった。

転職してしばらくは、実家から1時間かけ徒歩で通っていた。だが、継父との折り合いが悪くなるばかりだったため、店で知り合ったラシーラというダンサーの部屋に住まわせてもらうことにした。

それがサリタの人生を大きく狂わせるきっかけとなる。

インドへ

一緒に暮らすうち、ラシーラは頼れる友人となった。そんな彼女から仕事の話を持ち掛けられる。ダイヤの取引をしている知り合いの男性が、インドへ品物を運ぼうとしているが、国境の検問が厳しく困っている。女性なら警察のチェックが甘くなるため、運んでくれる人を探しているというのだった。

「この仕事をしている友達はとてもいい暮らしをしている。私たちもやってみよう」

そう熱心に誘われ、くだんの男性に会ってみることにした。男はダイヤの運搬がいかに儲かる割のいい仕事であるかを熱弁し、指示どおりに動けばなにも心配することはないと太鼓判を押した。

サリタの夢は、自分の家を持つことにあった。実家に居場所はなく、叔母の家でも厄介者扱いされ、今も友人の家に居候させてもらっている。安住の地を確保するには、自分の家を持つしかないと考えていたのだ。ダイヤを運ぶ仕事は、自分の夢を叶えるための足がかりになると思った。ラシーラと一緒なら心強くもある。3日後、サリタは母親に何も伝えないまま、バスターミナルまでオートリクシャーを走らせた。

すでに2人の男とラシーラが待っていた。しばらくすると、ルドラというボス格の男が合流した。

「俺たちが一緒なら心配することはない。１週間もあれば仕事を終えて帰ってこられる」

男たちの言葉に安心し、全員でバスに乗り込んだ。途中休憩の茶店でコーラを買ってもらった。それを飲み干すと無性に眠くなり、目を覚ましたときは国境に到着していた。

サリタとラシーラは、男たちとは別に歩くよう指示された。言われたとおり２人で国境を越え、インドに入ってすぐの町で男たちと合流すると、ホテルで一泊することになった。そこでダイヤの引き渡しが行われるという。

勧められるままシャワーを浴びた。身なりを整えると写真を何枚か撮られた。それからしばらく取引相手の到着を待っていたが、所用で来られなくなったため、こちらから出向くことになったとルドラから告げられた。

３日間、列車に揺られ、大きな町のターミナル駅に到着した。２台のオートリクシャーに分乗し、路地を縫うようにして30分ほど走ると、３階建ての屋敷にたどり着いた。表階段には太った女が立っていた。ナマステと挨拶し、男たちに促されるまま、サリタとラシーラだけが上階へと上がって行った。

そこへ痩せぎすの女がやってきた。後についていくと、通りがかった部屋のカーテンの隙間から、肌も露わな男女の姿が見えた。無性に恐ろしくなり、一緒に来た男たちのところへ戻りたいと訴える。しかし女は無言のまま、2人を小部屋に押し入れると、外側からドアを施錠して去ってしまった。

深夜1時、到着時に挨拶した太った女がサリタたちを呼びに来た。男たちが待つ場所へ連れて行ってくれるという。だが、夜更けに通りを歩けば警察に捕まりかねないため、まずはサリタが出発することになった。

20分ほど歩き、別の家にたどり着いた。しかし、そこに男たちの姿はない。

「お兄さんたちはどこにいるんですか?」

不安にかられて尋ねると。女は急に怒りだし、大声でこう言った。

「おまえはアイツらに8万ルピーで売られたんだよ!」

女は、売られた者がどんな仕事をしなければならないかをまくし立てた。それは聞くのもおぞましく、サリタは相手の足先に額をこすり付けて助けてほしいと懇願した。

しかし女は、

「8万ルピーも払ったんだ! その分、働いてもらわなくちゃならないんだよ!」

と言い捨て、部屋から出て行ってしまった。

入れ替わりにやってきた若い女に引きずられるようにして、別の部屋へ連れていかれた。そこには30人ほどの女性がおり、もっとも年嵩の女から仕事内容を説明された。

現実を受け入れることができなかったサリタは、皆が寝静まったころ合いを見計って脱走を試みる。別の小部屋に移動し、内側からカギをかけた。インドの窓にはたいてい面格子がしつらえられているが、幸いなことに網戸しか張られておらず、力いっぱい破り始めた。しかし、半分ほど破ったところで見つかってしまった。

翌朝、事の顚末を聞いた売春宿のおかみは、烈火のごとく怒り、何人もの女に命じて、サリタを袋だたきにした。鉄製の玉じゃくしで殴られて前頭部に裂傷を負い、前髪がごっそり抜け落ちた。その様子を見たおかみは、「この娘はもう商品にはならない」と吐き捨て、ほかの売春宿に転売されることになった。

そこでもサリタは抵抗を続けた。そんな彼女に先輩格の女性たちが懐柔を試みた。「私たちも最初は嫌だったけど、今ではそれほど悪い商売だとは思ってない。金のアクセサリーやきれいな衣装を買って着飾れるしね。あんたもがんばれば、私たちみたいに金持ちになれる。2年働けば自由にしてもらえるんだから、覚悟を決めなよ」

いくら説得されても拒み続けた。店側もしばらくは強要することはなかった。しかし、4日目の夜、ついに心が折れる。2年我慢すれば解放してもらえると信じ、客の待つ部屋に向かった。せっかんによって体中に出来た傷について聞かれたが、店に命じられるまま「転んだ」と答えた。

売春宿での暮らし

金のアクセサリーやきれいな衣装が買えるという話は、基本的にはありえない。売られた女性のほとんどは無給で酷使され、与えられるのは粗末な食事と数着の衣類、粗悪なメイク道具のみだ。しかし、この売春宿に限っては、先輩女性の話はまんざら嘘ではなかった。毎月一枚、新しい衣類を支給され、時には食べたいものを出してくれた。

この店について、サリタはこう話していた。

「金のアクセサリーをもらった人は確かにいました。私たちに働く意欲を持たせるためだと思います。客に暴力を振るわれそうなときは、大声で叫べば仲間が助けに来てくれました。客にコンドームを着けるようにいってくれたし、2～3カ月に1度、HIV検査もしてくれた。先輩たちはほかと比べて条件のいい店だといっていました」

最年長の女性は、35～40歳ぐらいだったという。サリタはいちばん若く、売れっ子だったようで、ことのほか大切に扱われたようだ。

客は学生や会社員、映画製作関係者といった中産階級が大半だったという。この界隈の売春宿には、路上生活者や人力のリクシャー引きといった、社会の底辺に生きる男たちから軍人や会社員まで、さまざまな客がやってくる。サリタの店は比較的、質のいい客が利用していたようだが、仕事自体は過酷だった。

朝6時にはスタンバイし、客が来たら随時、相手をさせられた。多い日で1日に25~30人の客を取らされた。15分間で65インドルピー（約104円）。一晩で500インドルピー（約800円）。終日相手をする場合は、1000インドルピー（約1600円）が彼女の値段だった（1インドルピー＝1・6円で換算）。

一歩も外には出られず、セックスワーカー同士が親しくなりすぎると殴られた。結託して脱走を図られては困るからだ。もっともつらかったのは、生理痛がひどくても薬を飲まされ、膣に詰め物をして仕事をさせられたことだ。痩せていたサリタは、太るための薬も飲まされた。大量の薬を前に怖くなり、あるときからは飲むふりをして捨てていたという。

警察の手入れがあったときも大変な思いをしたそうだ。摘発があるという情報が入ると、10人以上の女性が隠し部屋に閉じ込められるのだ。まったく身動きできない箱のような部屋で、息も満足にできず、このまま死んでしまうのではないかと思ったという。

警察による売春宿の手入れは時折行われていた。当時、世界はインドの高いＨＩＶ感染率に注目し始めていた。ムンバイ政府は対外的な信用を損なわないよう、ある種のジェスチャーとして摘発を行っていたのである。

過酷極まりない日々のなかで、（2年働けば自由にしてもらえる、それまでの辛抱だ）と、心の中で唱えて耐えた。しかし次第にその希望が叶うことはないと悟り始める。

確かに多少のお金をもらい、解放される女性もいるにはいた。しかしそれは、30歳をとうに超えた女性に限ってのことで、若い女性が解放されることはなかったのだ。一度だけ、20代前半の女の子が出て行ったことがあったが、理由はＨＩＶに感染したからだ。年を取るかＨＩＶに感染しない限り、解放されることはなかったのである。

かすかな希望さえ絶たれたサリタは、何人かの客に救い出してほしいと訴えた。しかし誰もが、「そんなことをすれば殺されちまう」と眉をひそめるだけだった。

売春宿は地元マフィアに上納金を渡し、用心棒役を担わせている。客とのトラブルを処理したり、セックスワーカーが脱走しないよう目を光らせているのだ。下手に手を貸せば間違いなく報復を受けることになる。誰もそんな危険など犯したくないのだ。

ところが店に売られて2年近くたったある日、絶望の暗闇の中にあったサリタに一筋の光が差し込むことになった。

救出

きっかけは、ニティンという20代半ばのインド人男性だった。初めて訪ねてきたとき、サリタの身体に指一本触れようとせず、話をするだけで帰っていった。二度目にやってきたときも、雑談をして過ごすだけだった。

三度目の来訪時、近々、彼が仕事でカトマンズに行くことを知った。サリタは叔母の住所を教え、自分が捕らわれの身であることを伝えてほしいと頼んでみた。これまで誰も手助けしてはくれなかったが、ニティンなら力になってくれるのではないかと思った。

彼はその期待を裏切らなかった。10日後に店にやってくると叔母の元を訪ねたと話し、預かってきた叔母の写真を見せてくれた。しかもこの日の夜8時、叔母から彼の携帯に電話をさせる手はずまで整えてくれていたのだ。

そしてこのとき、自分は売春宿で強制的に働かされている女性たちの救出活動を行うNGOのスタッフなのだと素性を明かした。彼はRFの内偵員として、サリタに接触を図っていたのである。

8時ちょうど、ニティンの携帯が鳴った。店の者に聞かれないよう、サリタはベッドの下にもぐり込み、声を潜めて「心配しないで」とだけ伝えた。これで、警察に協力の要請をしやすくなる。被害者の身元がわかり、本人も家族も救出を望んでいるのであれば、重い腰を上げざるをえないからだ。

決行は3日後。ニティンを先導役にRFのスタッフと警察が店に踏み込み、サリタを含む21人の被害者を救出した。

捜査協力

RFに保護されたサリタたちは、自分と一緒に売られてきた女性や、ほかの店で知り合った女性たちを救ってほしいと訴えた。結果、何軒かの店が摘発され、さらに数名の女性が救出された。そこに、サリタとともに国境を越えたラシーラの姿はなかったが、写真を手掛かりに捜索が続けられ、数週間後に彼女の売られた先が、ムンバイから車で2時間ほどの町プネーの売春宿であることがわかった。だが、後に別の店へ転売され、以降の消息はわからなくなっていた。

サリタたちは、自分を騙して連れ去ったブローカーや、売春宿のおかみの捜査にも協力した。知りうる限りのことを証言したが、誰一人として逮捕には至らなかった。
サリタが働かされていた店のおかみは、マイリー・タマンというネパール人だった。異国の地にありながら、敏腕店主として界隈では有名な人物だ。地域の役人や政治家、警察官に賄賂を渡し、違法行為を目こぼししてもらって成り上がったという。先のムンバイ市長選挙の折には、200万インドルピーもの政治献金を行ったと噂されていた。

こんな逸話もある。彼女の故郷ヌワコットは、人身売買の盛んな地だ。現在は道路が整備され、車の乗り入れも可能だが、ひと昔前まではカトマンズから足場の悪い急斜面を7時間登ってようやくたどり着く、山あいの貧農地帯だった。彼女はその地をときどき、訪ねることがあった。カトマンズからチャーターしたヘリコプターで飛び、数日、滞在するのが常だったというが、あるとき、故郷の少女たちを集め、ヘリコプターに乗せて連れ去ったという。自分の店の商品とするためだ。これほどの罪を犯しておきながら、いまだ法の裁きを受けていない。なぜなら彼女には、警察や役人を収賄するための資金が唸るほどあるからだ。

彼女の罪は深い。それでも私は断罪しきれない。なぜなら、彼女もまた哀しい過去を背負う一人だからだ。名字からわかるとおり、彼女はネパールのタマン族である。

たのだ。

売春宿でもっとも人気の高い民族であり、彼女自身もかつては人身売買の被害者だったのだ。

売春宿に売られた少女たちは、10年余り春をひさがされる。リンチ覚悟で脱走を図るかＨＩＶに感染したとき以外、解放されることはない。年齢を重ね、人気がなくなれば放り出される。残された道は、格安の路上コールガールとなるか、ネパールの山村から少女を連れ去る役を担うか、おかみとなって売春宿を経営するかしかない。生きるために、そうせざるをえなかったマイリー・タマンを、単なる罪深いだけの人間として断じることを私はできないでいる。

しかし、彼女が経営する売春宿には少女たちが今日も売られてきている。このような負の連鎖はどこかで断ち切らなくてはならないのだ。

マイティでの生活

母国ネパールに送還されたサリタは、マイティに保護された。当時、売春宿から救出された女性の約半数がＨＩＶに感染しているといわれていたが、幸い彼女に感染は認められず、ほかにも目立った疾患はなかった。

それでも、2年にわたる売春宿での生活で心に受けた傷は深い。初めの1カ月はカウンセリングを中心に、精神面のケアを施された。

当時の様子を、サリタが振り返る。

「最初の数日間は、ケアを受けてもそこがどういうところなのかもわからないのでとても怖かったです。だから、いろいろ聞かれても、ほとんど答えませんでした。マイティのカウンセラーからも、あまり強くは聞かれなかったので、一日中、部屋でゆっくりするだけでした。でも、保護されてから5日ほどしたとき、私と同じグルン族のスタッフが、自分の村の話をしてくれたんです。グルンのお祭りのこととか、好きな伝統のお菓子のこととか。彼女と話しているうちにだんだんここが安全なところなのだとわかってきて、カウンセラーに聞かれることにも答えられるようになりました」

心が落ち着いてきた頃から、ビーズアクセサリー作りや縫製技術などの職業訓練を始めた。もともと聡明なうえに8年生まで学校に通ったことのあるサリタは、群を抜いて優秀だった。

その間、マイティは彼女の母親に受け入れを求め続けたが、けんもほろろの態度だった。救出活動に協力した叔母であればと期待したが、やはりいい返事はもらえなかった。売春宿で働かされていたという事実が世間に知れれば、白眼視されることになる。ＨＩＶ感染を疑われれば、家族全員村八分にされかねない。この頃、十分な教育を受けていない人や農村部の人々の間では、ＨＩＶは握手や空気でも感染する恐ろしい病気と誤解されていた。サリタを受け入れることで、家庭に波風が立つのを避けたかったに違いない。

家族の元に帰れないと聞いても、当の本人はさほど落胆しなかった。もともと折り合いの悪い継父や叔父が、自分を受け入れてくれるとは思っていなかったのだ。

一人で生きていくしかないと覚悟を決めたサリタは、誰よりも熱心に職業訓練に取り組んだ。その姿勢が評価され、マイティのスタッフとして採用されることになった。インドから救出されてきた女性がカウンセリングを受ける際に同席し、彼女たちの話に耳を傾ける仕事だ。いわば、カウンセラーの助手のような役割である。同じ体験を持つ彼女なら、心と体に深い傷を負う女性たちの気持ちを解きほぐすことができるはず。そう期待されての抜擢だった。

異国への旅立ち

スタッフとして働き、2年が経過した2003年3月、サリタとゆっくり話す機会があった。マイティ本部の近くに部屋を借り、自活を始めたところだったが、生活上の問題はとくになく、仕事にもやりがいを感じているという。着実に新たな人生を歩む姿を見るのは、活動を続けるなかでもっとも喜びを感じる瞬間だ。おそらくこの先、彼女を心配することはほとんどないはずだ。マイティの優秀なスタッフとして力を発揮し、いい相手と巡り会って結婚できるかもしれない。そんなことを想像していたところへ、サリタが思わぬことを言い出した。お金を貸してほしいというのだ。

今の生活に不満はない。だが、自分の家を持つという夢を実現するにはもっと稼げる仕事に就かなくてはならない。そんな折、イスラエルでメイドの仕事があると聞き、面接に行ったところ雇用が決まった。だが、渡航費は自分で用意しなくてはならない。それを貸してほしいというのだった。

出稼ぎには危険が伴う。近年、ネパールの女性の多くがアラブに仕事を求め、故郷をあとにしている。出稼ぎ労働者に仕事を斡旋するエージェントが村々を回り、希望者を募るのだ。その中には、怪しいエージェントも少なくない。渡航費や手数料を支払ったものの現地で仕事にありつけず路頭に迷ったという話や、事前に聞いていた話とまったく違う重労働を課せられるなど、雇用条件にまつわるトラブルは枚挙にいとまがない。さらには経由地・インドで人身売買されたり、渡航先で性犯罪に巻き込まれるなどの問題が多発しているのだ。

「出稼ぎを斡旋するといって騙された話はたくさんある。そのエージェントはちゃんとしたところなの？　イスラエルに頼れる人なんて誰もいないでしょ？　たとえつましい暮らしでも、自分の国で地道に生きていったほうがいい」

私はそういって諭した。しかしサリタは納得しない。

「自分の家をどうしても持ちたいのです。でも、今の稼ぎでは何年かかっても無理。だから、給料のいい仕事があればどこへでもいくつもりです」

彼女は、マイティから月２５００ルピーの給与をもらっていた。月給から部屋代１４００ルピーを支払えば、食べていくだけでやっとだ。それでも朝はスナック菓子だけ、夕食はマイティの賄いで済ませ、食費を浮かせて貯金しているという。渡航費の半分ほどは貯まったそうだ。

彼女の意志は固く、引き留めたところで簡単に諦めるとは思えなかった。だからといって、二つ返事で頼みを聞くのは危険だ。そこで私は出稼ぎ事情に詳しい現地ジャーナリストの友人に同行してもらい、エージェントを訪ねてみることにした。

結果、ちゃんとした会社であることがわかった。それでも迷いに迷ったが、最終的にはサリタの夢を後押しすることにした。親戚も友人知人もいない地に赴くのは心細いに違いない。文化風習も異なり、雇い主がどんな人かもわからない。つらい思いもするに違いないが、人一倍努力家の彼女であれば、乗り切れるだろうと思ったからだ。

そして2003年、ネパール最大のお祭り、ダサイン祭が終わって間もなく、彼女はイスラエルに向けて旅立った。

サリタから連絡があったのは、ネパールを離れてから1年後、2004年末のことだ。正確には、25年にわたってともに活動を続けるネパールの仲間ラジェンドラの元へ、カトマンズに住む彼女の叔母から電話があったのだ。サリタから送金があり、その中から借りていたお金を返すよう頼まれたという。

意想外のことだった。これまでにも度々、マイティで保護生活を送った後、独立した女性たちから借金の申し入れがあった。見るからに生活苦にあるとわかったため、その都度、数枚の紙幣を手渡した。「貸してください」と言われたが、返してもらうつもりはなかった。事実、これまでに返済してもらったことはなかったが、その日一日を生きるだけで精一杯の彼女たちに余裕などあるはずもない。だから当然、サリタに都合したお金も返ってくることはないと思っていたのだ。

異国の地での生活は、なにかと大変なことだろう。ネパールよりいい給料がもらえるにしても、その分、物価も高いはずだ。そうしたなかで、爪に火を灯すようにしてお金を貯めたに違いない。彼女の正直さに触れ、胸が熱くなった。

幸せをつかんだサリタ

サリタはハウスメイドとして2年半働き、2006年に学生ビザを取得してロンドンへ渡った。経済的な理由により、8年生で退学せざるをえなかったが、勉強好きな彼女はいつか学業を再開したいと願っていた。

レストランで働き、仕事以外の時間はすべて学習時間に費やした。しかし、基礎学力が十分でないため、思うようにははかどらない。目標にしていた学校に入ることができず、母親への仕送りも続けていたため、学業を諦めて仕事に専念することにした。

2008年、知人の紹介で医師の家庭の住み込みメイドとなった。家事全般と子どもの世話を任された。一家はやさしく接してくれたという。給料自体はそれほど多くはなかったが、節約に徹すれば貯蓄に回す余裕もあった。唯一、思い切って買ったのはスマートフォンだ。遠く離れたネパールのニュースをチェックしたり、インド映画の配信を観るのが楽しみとなった。

ある日、フェイスブックの友達募集コミュニティに目が留まる。ロンドンに渡って以来、知り合い程度はできたものの、友達と呼べる人はいなかった。少し勇気はいったが、写真をアップしてみると、いくつか友達申請がきた。そのなかに「ハイ！」とだけ送ってきたラージという男性がいた。インド系の男性で、真面目そうな印象を受けたという。１週間迷った末、同じように「ハイ！」と書いて返信すると、そこからメッセージの交換が始まり、電話でも話すようになった。

建築士として働くラージは、いつか自分で設計した家を建てることが夢だと語った。１カ月後、直接、会いたいと言われた。毎日のように電話で話し、信頼のおける人だと感じていたサリタは、次の休日にコーヒーショップで会うことにした。１週間後にもまた同じコーヒーショップで会い、そこでプロポーズされた。

サリタも好意を抱いていたが、結婚はできないと答えた。理由を尋ねる相手に、これまでたどってきた人生のすべてを打ち明け、それが理由だと答えた。過去を知れば当然、離れていくと思っていたが、「昔のことは関係ない。どんな過去があろうと結婚したい」と言ってくれたという。

これまで懸命に生きてきた。誰かに迷惑をかけた覚えもなかった。だが、汚れた過去を記憶から消し去ることはできず、自分で自分を卑下する思いが沈殿物のように心の底にあった。そんな自分を丸ごと受け入れてくれるというラージの言葉に涙があふれた。そしてその熱い思いに応えたいと、２０１１年に結婚した。

ロンドンで小さな部屋を借り、新婚生活がスタートした。二人で必死に働いて貯めた資金でアパートを買い、移り住んだ。さらに働いて2軒目のアパートを購入し、1軒目を貸しに出した。その間、ふたりの子どもに恵まれるが、産前産後の一時期を除いては仕事を続け、3軒目、4軒目とアパートを買った。そして2022年、3人目の子どもの誕生と同じ時期に、5軒目のアパートを購入した。

父親を亡くして生活苦に陥ったとき誰かが手を差し伸べてくれていれば、日本のNGOの支援が途切れることなく学業を続けることができていれば、これほど険しい道を歩かされることはなかったのかもしれない。だが、そんな辛酸を極めた彼女の人生は、RFとマイティによって救われ、その先に続く道を180度転換させた。そして彼女は、17歳で抱いた自分の家を持つという夢を叶えたのである。

うまくいっていると思っていた

サリタがこんなことを言っていた。

「私を救い出してくれたRFのニティンは、私にとって神様のような人です。マイティは、実の親より私を大切にしてくれました。彼らが救ってくれなければ、私は今この世にいなかったかもしれません。どれほど感謝してもしきれない存在です」

同じ思いを抱くサバイバーはたくさんいる。

ある女性は、インドから帰った後にマイティで縫製技術のトレーニングを受け、資金の援助を得てテーラーを開いた。丁寧な技術とセンスの良さが評判となり、たちまちひっきりなしに注文が入るようになる。女性客を当て込んで、ネックレスやブレスレットなどの装飾品、マニキュアや口紅といった化粧品なども店に並べたところ、客足が途絶えない繁盛店に。その店を信頼できるスタッフに任せて2号店を開業し、やがて3店舗にまで事業を拡大させた。最初の店を開くとき、彼女はその名を「アヌラダ・ストア」とした。由来はいうまでもなく、マイティ代表のアヌラダさんだ。感謝の意を込め、恩人の名を冠したのである。

ほかにも、美容技術のトレーニングを受けた後、ビューティーパーラーに就職して実務経験を積み、数年後に自分の店を開いた女性。マイティから受けた少額融資を元手に、バス停近くで乗降客を相手に菓子やタバコを売る露店から始め、後に雑貨店を構えた女性など、マイティの後押しによって仕事を得た女性は３０００人を超える。

もちろん、すべてのサバイバーが、彼女たちのように社会復帰を果たせたわけではない。冒頭に記したビマラのように、今も慈しみの家で生活するサバイバーもいる。彼女はこの先も社会に戻って人並みの暮らしを送ることはできないかもしれない。それでもマイティによって救われたのは確かだ。

当初はトイレとベッドの区別さえつかず、日常生活のすべてに介助が必要だった。そんな彼女がやがて、食事や掃除、洗濯、畑仕事など、与えられた役割をこなし、仲間とともに穏やかな日々を過ごすようになった。文字を習い、自分の名前が書けるようになった。現在も薬の服用を続けてはいるが、ずいぶん回復してきたため、医師から断薬の提案があったという。これを機に、慈しみの家のスタッフとして雇用する話も持ち上がっているほどだ。

もし慈しみの家がなかったら彼女はどうなっていたことだろう。混乱したままの状態で、どこかで行き倒れていたかもしれない。彼女の人生は確かにマイティによって救われたのである。

だから、私たちの活動は、ある程度の成果を上げているのだと思っていた。課題のすべてをクリアできているわけではないが、少なくとも及第点には達しているだろうと思っていた。しかしそんな自負心が、あるときを境に揺らぎ始めた。私たちが行ってきた支援は、本当に充分なものだったのだろうか。私たちが手当てしていたのは傷の表層部分に過ぎず、女性たちの体の深部では、ずっと赤い糸のような血が流れ続けていたのではないか。私たちは、私たちの活動の脆弱さを理解していなかったのではないか。心の底に小さな点のように迷いが生じ、次第に大きくなっていったのである。

トリベニさん

１万人あまりの少女たちを救ってきたインドのNGO「レスキュー・ファンデーション」の代表を務めるトリベニさん。亡き夫の跡を継いだきっかけは、チャンヌーとアプサラにあった。

先述のように2007年、私は『少女売買～インドへ売られるネパールの少女たち』という本を書いた。彼女たちはその本の中に登場する。どちらも10代前半でインドの売春宿に売られ、やっとの思いで母国に帰るも、AIDSという重い病気にかかっていた。それでもマイティの支援を受けながら、少しずつ自分の人生を取り戻していく。時に道を踏み外しそうになり、時にくじけそうになりながらも、懸命に前へと進み続けていたのだ。

ところがその後、彼女たちはそれまで積み上げてきたものを自らの手で壊していく。まるで時間をかけて一目一目編んだものを、するするとほどいていくように。それが私たちを、それまでの支援の形を信じていいのか疑わねばならないのかの二筋道に迷い込ませることになったのだった。

第4章

保護されても
救われなかった女性たち

12歳で売られたチャンヌー

1978年生まれのチャンヌーは、ネパールの首都カトマンズの北東に位置するシンドパルチョーク郡パティン村で育った。最も近いバス停から険しい山道を歩いて4時間、遠くにヒマラヤを望む標高1300メートルの小さな集落だ。山あいの傾斜地に作られた田畑では十分な収穫は望めず、豊作とは無縁の貧農地帯だった。

家族は両親と弟とチャンヌーの4人。村の中でとくに貧しい家庭だった。米を口にする機会はほとんどなく、1日1回の食事はいつも、とうもろこしや粟の粉を水で練ってゆでたディドと、ダルという豆スープだった。豆のストックがなくなれば、青唐辛子と塩だけのおかずになった。

学校に通わせてもらう余裕はなかった。10歳になると、土地持ち農家の畑仕事の手伝いに行かされた。夜明けから日没まで土を耕しても、日当15ルピー（約15円）にしかならなかったが、それでも家計を助けるために懸命に働いた。

12歳になったチャンヌーは、隣村の農家にも働きに出るようになった。そこで遠縁の男に、「畑仕事の何倍も稼げるカトマンズのカーペット工場で働かないか？」と声をかけられる。魅力的な話だが、幼い娘を都会に出すなど親が許すはずはない。すると男は、彼女の心の揺らぎを見透かしたかのようにこう言った。

「親には内緒で家を出たほうがいい。初給料をもらったところで土産を持って顔を見せれば、もう反対されることもない。ほかの人に決まらないうちに急いだほうがいい。次のチャンスはないだろう」

チャンヌーは親を助けたい一心で、次の日の深夜1時、密かに家を抜け出した。待ち合わせた場所で男と落ち合い、バスと列車を乗り継ぐ。３日目に行き着いた先は、ムンバイの赤線地帯カマティプラだった。

売春宿では、10代の少女が好まれる。12歳と幼いうえに、愛らしい面立ちのチャンヌーは人気を集めた。１日に50～60人の客を取らされ、多いときには１００人に達することもあった。３畳ほどの小部屋で客を取り、食事をし、それ以外の時間は泥のように眠った。24時間、見張りがつき、逃げ出すことは不可能だった。

性奴隷のような日々から解放されたのは、売られてから5年後の１９９５年、彼女が17歳のときのことだ。売春宿街の取り締まりを行ったインド警察によって、ほかの未成年者と一緒に救出されたのである。ネパールに送還され、マイティに保護された。そこでＨＩＶに感染していることがわかった。

私は活動を始めた１９９７年から年2回、マイティの訪問を続けている。その過程で、多くのサバイバーが信頼を寄せてくれるようになった。だが、チャンヌーだけは少しも打ち解けることはなかった。何かに怒ってでもいるかのように眉根に皺を寄せ、声をかけても強い視線を向けるだけだった。まるで全身を固い殻で覆っているかのようだった。

ところがある日突然、彼女のほうから話しかけてきてくれたのである。出会いから7年目、2003年春のことだ。

「アンティはなぜ、私たちに会いに来続けてくれるのですか？」

「それは、あなたたちが大好きだからだよ」

この日を境に、彼女は自分のたどってきた過去や胸のうちに抱える苦しみを、少しずつ打ち明けてくれるようになる。そして私をマミー（お母さん）と呼ぶようになった。

そんな彼女が、想像もしなかった形で転落する。

「あとどれくらい生きられるかわからない。残された時間を家族と一緒に過ごしたい。精一杯働いて、貧しい親を助けたい」

2005年冬、彼女はそう言って、マイティから独立した。アヌラダさんの口利きでガーデニング会社に住み込みで就職し、ほとんど休みも取らず働いた。しかし、学歴のない若い女性の稼ぎなど知れている。2年後、実入りのよさを期待して、小さな酒場を開いた。そして半年後、チャンヌーは情を通じた客の男と共謀し、ある少女をインドへと連れ去ろうとした。

国境警察によって食い止められ、犯行は未遂に終わったが、男は逮捕され、チャンヌーはマイティに連れ戻された。

折しも事件発生の１カ月前からネパールに滞在していた私は、弁解も謝罪もせず、頑なに口を閉ざしたままの彼女に怒りをぶつけた。それでも最後は、

「どうかもう一度やり直して。半年後、ここでまた会おうね」

と、その小さな体を抱きしめた。彼女は、

「ごめんなさい、ごめんなさい」

と子どものように泣きじゃくり、何度もうなずくことで私の言葉に応えてくれた。

『少女売買』の記録は、ここで終わっていた。

チャンヌーの涙を見たのは、出会ってから初めてのことだった。マイティの少女たちは、強制的に売春をさせられていたトラウマや社会に捨てられた淋しさ、将来への不安からよく泣く。しかし気丈なチャンヌーは、決して人前では涙を見せなかった。だから、自分の犯した罪を心から悔いているのだと信じた。しかしチャンヌーの物語は、そこで終わったわけではなかったのだ。

失踪

「どうかもう一度やり直して。半年後、ここでまた会おうね」

マイティの一室で約束を交わした後、チャンヌーは敷地内にあるクリニックで療養生活を送っていた。一連の犯行については男に誑かされ、知らず知らずのうちに犯罪に巻き込まれてしまったと結論付けられ、逮捕は免れることができたが、保護された直後の血液検査で、ＡＩＤＳを発症していることが判明した。

「部屋からほとんど出ることもなく、静かに過ごしています。治療もカウンセリングも素直に受けています」

マイティから送られてきたメールに安堵していた。だから、彼女との再会の約束は、きっと果たされるものと信じていた。しかし、２００８年春、ネパールを訪ねた私を待っていたのは、チャンヌーが再び姿を消したという報告だった。

マイティに保護されてから2カ月後、彼女から里帰りしたいとの申し出があったという。信仰心が篤いネパールでは、年間を通して大小さまざまな祭りが催される。なかでもダサイン祭は、9月から10月にかけて15日間続くネパール最大の祭りで、家族や親戚が集まって盛大に祝う。そんな祭りのひとときを、両親とともに過ごしたいとのことだった。

アヌラダさんは、２週間の外出を許可した。重い病を背負った娘に、貧しい親はなんの治療も施せない。頼れる相手はマイティ以外にないことを知るチャンヌーが、逃亡を図るとは考えられなかったのだ。

しかし彼女は、約束の日が過ぎても帰らなかった。

年が明け、カトマンズには戻ってきているらしいとの噂が流れたが、姿を見せることはなかった。

狭い街のことである。やがて、低所得者層が暮らす街はずれの一角で男と同衾し、朝から酒をあおるような暮らしをしているらしいと、風の便りに聞こえてきた。治療も受けず、不摂生な暮らしを続ければ、彼女の残された時間は加速度的に削られていく。それは、自死にも値する行為だった。

チャンヌーは、マイティに保護された当初から、一目置かれる存在だった。

インドから帰還した直後、ＨＩＶ感染が判明した彼女だが、病状はそれほど進行しておらず、日常生活に問題はなかった。そのため、国境の検問業務を担うボーダーガードに抜擢される。数年後には、独立することを目標に、マイティから２０００ルピーの融資を受け、路上で駄菓子やタバコを売る店を始めた。しかし、好調に売り上げを伸ばし、自立のめどが立った矢先、結核を発症。店をたたんで療養生活を送ることになった。

ＨＩＶ感染者は、病状が進行するに従って免疫機能が低下していく。すると、健康なときには抑え込まれていた体内の細菌やウイルスが暴れだし、さまざまな病気が誘発される。これを日和見感染症といい、もっとも多く見られるのが結核だ。ほかにも結核を患う女性が何人かいたため、チャンヌーがリーダーとなって専門病院に引率した。

半年後、結核は完治したが、大事をとって慈しみの家で生活することになった。生真面目でしっかり者の彼女は、やがてヘルパーとして採用され、月額１５００ルピーの手当をもらうまでになった。自給自足のために設けた畑を耕し、近隣住民のために併設されたクリニックの雑務を担った。急患が運び込まれれば深夜でも飛び起き、看護師を助けた。

人身売買廃絶デーや世界人権デーなどを記念したイベントでは、必ず演説を任された。２００４年夏には、タイで開催された国際ＡＩＤＳ会議に出席し、ネパールにおけるＨＩＶ感染者の立場を訴えた。同年秋には、日本の市民団体がアヌラダさんとチャンヌーを招聘し、四国、福岡、東京で講演会が開催された。サバイバー自らが発する言葉が聴衆の胸を打ち、100万円を超える支援金が集まった。まさにマイティのエースとして、誰からも認められる存在だった。

そんなチャンヌーが人身売買に関わり、一瞬にして軽蔑の対象に堕ちたのだ。マイティに戻ってからの生活は、針のむしろの上にいるようなものだったに違いない。

徹底して捜せば、居所をつかむこともできただろう。しかしマイティは、捜索に消極的だった。

「里帰りするとき、チャンヌーには2週間分の薬しか持たせなかったから、必ず戻ってくると思っていたのです。薬を飲まなければどんなことになるかちゃんとわかっているはずだから。でも、戻ってこなかった。この先あの娘は、男を渡り歩いて生きていくのでしょう。それが知れれば、ほかの女性たちの評判も落ちることになる。相手の男にＨＩＶを感染させるリスクもある。だから、首に縄をつけてでも連れ戻すべきなのでしょうが、今は何を言っても聞く耳を持たないはず。でも、この先、ひどく体調を崩したときに帰ってくると思います。あの娘には、ほかに頼るところなんてないはずだから…」

アヌラダさんの言葉には、持って行き場のない無念さが込められていた。

新事実

チャンヌー失踪後の２００８年8月、ネパールを訪れた私は、彼女の過去に関する新事実を知らされた。

「ずっと秘密にしていたことなんですけど、実は私とチャンヌーは、救出される直前まで同じ売春宿にいたんです。アンティは、チャンヌーもそこで無理やり働かされていたと聞いているでしょ？　でも事実は違うんです。本当は彼女、その店のマネージャーをやっていたんです。お金もずいぶん稼いでいたと思います」

それは、チャンヌーと一緒に売春宿から救出され、リハビリを受けた後、マイティのスタッフとして働いていたギータ（当時29歳）の告白だった。

出会いから7年目のあの日、チャンヌーは初めて心を開いてくれた。それを機に、3年の歳月をかけて、少しずつ自分の過去を打ち明けてくれた。その一語一語に、彼女のすべてが込められていると信じた。だが、それは私の思い込みに過ぎなかったのだ。

チャンヌーが12歳でインドに売られ、売春を強要されていたことは事実だ。カマティプラで4年、ムンバイから車で3時間に位置するプネーのブタワルペットで1年、彼女は確かに売春街にいた。しかしただ隷属していたわけではなく、あるときから幼い少女を使って金を稼ぎ、情夫と酒を酌み交わす自由を与えられ、うまく立ち回れば自分の店を開くこともできる立場にまで成り上がっていたのだ。

ギータはこの事実を、チャンヌーと一緒に救出された1995年以来、14年間も隠し通してきた。アヌラダさんはもとより、二人の間でさえ触れることなく完全に封印していたのだ。

チャンヌーは純然たる被害者を演じることで、自分の身を守ろうとしたに違いない。そして見事に、これまでの10余年を演じ切ったのだ。

「チャンヌーは、アンティが思っているよりずっとしたたかです。マイティにいるときにも、門番に高利でお金を貸していたの。彼女は頭がいいから、どんなことをしてでも生き抜いていくはず。だから、あまり心配しないで」

ギータの言うとおりなのかもしれなかった。

私は、支援者という立場から、チャンヌーを美化していたのだと思う。幼くして売春宿に売られ、5年も働かされ、HIVに感染し、それでもくじけることなく仲間の手本とされるまでに立ち直り、貧しい親のために余命を生きようと、身を粉にして働き続ける健気な女性。それが彼女のイメージだった。けれどそれは、「彼女にこうあってほしい」という支援者側の願望だったのだ。

チャンヌーは別の顔を持っていた。

それでも、裏切られたという感覚は少しもなかった。

マネージャーは、セックスワーカーのとりまとめ役だ。だが、初めからそのポジションを与えられるわけではない。売春宿に売られたばかりの頃は、誰もが力の限り抵抗する。しかし、暴力を振るわれ、巧妙な言葉でいいくるめられるうちに、だんだんと抗う気持ちが萎えていく。そして、もはやここから逃げ出すことはできないと諦めることになる。

幼い少女にとって、日に何人もの見知らぬ男から凌辱を受けるのは、火の中で生きるような苦しみのはずだ。その苦しみを少しでも緩和させるため、さまざまな自衛策を講じる。やさしい言葉をかけてくれる馴染みの客に心を寄せ、ベッドをともにするひとときを心の支えとする者。売れっ子となり、ガルワリ（売春宿のおかみ）から褒美をもらうことを生きがいにする者。苦しみから逃れ切れず、精神を病む者や命を絶つ者もいるが、多くは必死に心の拠りどころを見つける。本能的に生を希求するのだ。

聡いチャンヌーのことだから、どう立ち回れば自分の身を守ることができるのか、早い段階で悟ったに違いない。ガルワリの言いつけに素直に従い、日に50〜60人の客を相手にし、店きっての売れっ子となった。そうした従順さが買われ、やがてガルワりの右腕となるマネージャーの地位を与えられたのだ。マネージャーは比較的自由がきき、相応の報酬も得られる。となれば、もはや脱出しようとは考えない。きっと新たに売られてきた少女の洗脳にも手腕を振るっていたはずだ。

この時点で、彼女は被害者から加害者の立場になったといえる。だが、それを非難することは私にはできない。生き抜くためにそうするしかなかったのだ。

門番相手に高利貸しをしていたことも、褒められることではない。男に誑かされたとはいえ、人身売買犯罪に加担したことなどは、決して許されないことだ。だが、これらの事実をもとに、彼女のすべてを否定することはできない。マイティに保護されてからの彼女のすべてが虚像だったとは思えないのだ。

断たれた薬

どこでどんな暮らしをしているのか。ちゃんと食事をとっているのか。毎日のように酒をあおっているのではないか。また悪い男と一緒にいるのではないかと心配だった。なにより案じられたのは体調だ。

チャンヌーは、抗ＨＩＶ薬を飲んでいた。ＡＩＤＳ発症を完全に抑えるものではないが、病状の進行を遅らせることができる薬だ。しかしその服用には注意が必要だ。

適切に服用し続ければ健康な人と変わらない生活を送ることができるが、決められた量を決められた間隔で飲み続けなければ、耐性を得たＨＩＶウイルスが増殖し、免疫機能を低下させて命を危険にさらすことになるのだ。

今でこそ、ＨＩＶ感染が疑われた際、指定の病院に行けば、免疫細胞の数値を測るＣＤ４検査も抗ＨＩＶ薬も無償で提供される。しかし当時のネパールでは、すべて自己負担をしなくてはならなかった。インドの製薬会社がジェネリック薬の販売を開始したことで、ずいぶん安価に購入できるようになったが、それでも日本円にして1カ月分7000円だ。6カ月ごとに必要とされるＣＤ４検査にも、1回あたり約4000円を要し、最低でも年間9万2000円が必要だった。しかもこの投薬治療は、ひとたび開始すれば、半永久的に継続しなくてはならない。当時、大卒でデスクワーク系の初任給が8000〜1万円、都市部のホテルで清掃を担う女性の月給が3000円程度とされるなか、ＨＩＶ感染がわかったとしても簡単に工面できる額ではない。貧しい人たちは、治療も受けられないまま死を待つしかない状況だった。

慈しみの家を開設してしばらくは、そうした人たちと同じ状態だった。ＡＩＤＳを発症し病態が悪化しても、対症療法を施すぐらいしかすべはなく、命の灯が消えていくのをただ見守るしかなかったのだ。この状況をなんとかしなくてはならないと、マイティの主要ドナー（寄付者）である欧州の3つのNGOとラリグラスの計4団体が協力し、2003年、「希望の先駆けプロジェクト」を立ち上げた。マイティが保護するすべてのHIV感染者／AIDS患者に対し、抗HIV薬を提供するプロジェクトだ。少なくとも数年先までの資金の安定確保のために、参画する団体には年間200万円の拠出金が義務付けられた。

このプロジェクトから、チャンヌーも抗HIV薬を提供されていた。だが、マイティとの関係を断てば薬を入手することはできない。月7000円もの薬代を自力で賄うなどできるはずもなく、おそらく薬は飲んでいないと思われた。

適切な治療を受けずにいれば、免疫力が大幅に低下する。結果、結核や髄膜炎など、通常の免疫力があればかからないはずの感染症に罹患するリスクが高まる。悪性腫瘍や神経障害が起こりやすくなるともいわれている。いずれにしても、なんらかの肉体的困難にみまわれているはずだ。

彼女の体が心配でならなかった。

「ゴンガブーで姿を見かけた」

「バラジュあたりにいるらしい」

そうした噂を聞けば訪ね歩いてみたが、街角で出くわすような偶然など映画でもない限りあるはずもない。そのうち目撃情報さえ聞こえてこなくなった。

「すでに亡くなっているのかもしれない」

マイティのスタッフからそんな言葉がもれるようになったが、諦めきれない。

私は本腰を入れて彼女を捜してみることにした。

捜索

スワヤンブナートは、400段弱の石階段を上った丘の上に建つ、ネパール最古の仏教寺院だ。カトマンズ盆地がまだ湖だった太古の時代からこの丘の上に建っていたという伝説を持ち、ユネスコの世界遺産に登録されている。信徒はもとより各国の観光客が訪れる名所であり、連日、大勢の人で賑わっている。

その裏手に、チャンヌーの両親が暮らしているかもしれなかった。

マイティから独立後、ガーデニング会社に住み込みで就職したチャンヌーは、故郷から両親と弟を呼び寄せて面倒を見ていた。8畳ほどの一間にベッドが2つと簡易コンロがあるだけの粗末な間借り住まいだったが、頻繁に行き来できるようになったことをとても喜んでいた。

私が両親の住まいを訪ねたのは2006年11月。チャンヌーを主人公としたドキュメンタリー番組を日本で制作するため、インタビューを撮りに行ったときのことだ。あれから3年たっていたが、その後も同じ場所で生活していればと期待した。

　捜索にはラジェンドラが同行してくれた。彼のバイクの後ろにまたがって、急勾配の小路を走る。未舗装の箇所が多く、砂利にタイヤをとられてバランスを崩しそうになると、その先は徒歩で進むことになった。丘の中腹の少し広い道から、人ひとりが通れるぐらいの小路に入って突き当たると、素焼きレンガの平屋建てがあったはずだが、なかなか見つからない。一帯の様子がすっかり様変わりしていたのだ。

　手がかりはパソコンに落とし込んだ数秒の動画だけだった。チャンヌーを主人公としたドキュメンタリー番組を作る際、両親にインタビューした。そのときに撮影した彼らの住まいや周辺の風景を収めたものだ。それを見せて聞き込みをして回ってみたが、心当たりがあると答えてくれた住民はひとりもいなかった。

　この頃、カトマンズは土地投機に沸いていた。

　1996年、王政撤廃と人民共和制の実現を掲げ、ネパール中西部の農村地帯を拠点に、毛沢東主義グループ（マオイスト）が武装蜂起した。2006年に和平交渉が成立するまでの10年にわたって内戦が続き、国内の働き口は激減。多くの人々が仕事を求めて海外に渡った。そうした出稼ぎ労働者の送金で、交戦の場となった農村部から逃れてきた人たちが、カトマンズ盆地に次々と家を建てた。スワヤンブナートの裏手もディベロッパーによってみるみるうちに住宅地が造成されたため、大半の住民は新参者だった。

その後、ボダナートに足を運ぶことにした。中心にブッダのお骨が埋められている国内最大の仏塔だ。以前、チャンヌーの弟が参道で仏像作りの仕事をしていたのだが、そこに彼の姿はなかった。工房の主によれば、2年以上前に退職し、その後については何も知らないとのことだった。

ぷつりと消えた足取りに、彼女はもうこの世にはいないのかもしれないとの思いが頭をかすめた。しかしすぐに打ち消す。きっとどこか遠くで暮らしているのだ。あるいは市内の目立たない一角か、郊外でひっそりと暮らしているのかもしれないと思い直した。

この頃、ネパール政府はカトマンズとネパール中部にある都市ポカラで、抗ＨＩＶ薬の無料提供を始めたところだった。感染が疑われた場合、指定病院を訪ねれば無料で検査を受けられ、陽性であれば投薬治療もＣＤ４検査も無料で受けられることになったのだ。もちろん、自発的に病院に足を運ぶことが前提となる。農村部に暮らす人や十分な教育を受けていない人のなかには、感染にさえ気付かないケースも少なくない。気付いたとしても、医療サービスへのアクセスの仕方がわからず、薬の服用を開始できずにいる人もいる。

だが、慈しみの家で投薬治療を受けていたチャンヌーには知識がある。政府の無料サービスに関する情報に触れさえすれば、きっと病院にかかっているはずだ。ダメな男と一緒でもいい。どんな暮らしをしていてもいい。とにかく生きていてほしいと願った。

15年目の知らせ

チャンヌーに関する情報が入ったのは、消息を絶ってから15年目のことだ。

２０１９年に発生した新型コロナウイルス感染症（正式名称ＣＯＶＩＤ―19）は、２０２０年に入ってから世界中で感染が拡大し、その年の8月までに感染者数は累計6億人を超えてパンデミックをもたらした。ネパールでも感染者数が急増したため、ロックダウンを実施するなど感染拡大を防ぐための措置がなされる。そのため私は、２０１９年8月以降、現地訪問を控えていた。

やっとネパールに足を運べたのは、２０２３年4月のことだ。3年8カ月ぶりに間近で見るマイティの女性や子どもたちの笑顔に、胸に熱いものが込み上げてきた。しかし私を待っていたのは、再会の喜びだけではなかった。アヌラダさんから思わぬ報告を受けたのだ。

「チャンヌーが亡くなりました。コロナ禍に入る少し前だから4年程前のことです。バネーシュワルで夫と暮らしていたそうです」

不意打ちされて事情が飲み込めず、「えっ？」と短い声を上げることしかできなかった。

アヌラダさんがこの事実を知ったのは、私が訪問するほんの少し前、ギータから聞かされたという。チャンヌーと一緒に売春宿から救出され、リハビリを受けた後にスタッフとなったサバイバーだ。チャンヌーが人身売買犯罪に加担したとして逮捕されたとき、彼女の売春宿でのポジションや門番に金貸しをしていたという隠された事実を教えてくれた女性である。

インドから帰還し、マイティに保護された女性たちのその後は、大きく2つに分けられる。1つは、一切の連絡を絶って消息がつかめなくなるタイプだ。もう1つは、マイティを出た後も連絡を取り合い、つながりを保ち続けるタイプである。似たような境遇にある者同士、情報交換したり、いざというときには助け合ったりするのだ。ギータは後者のタイプで、チャンヌーに関する情報も古くからの仲間から伝え聞いたとのことだった。

バネーシュワルといえば、カトマンズの中心地から東へ6キロに位置する国際空港近くの住宅地で、マイティから数キロ程度の距離だ。そんな目と鼻の先で暮らしていたとすれば、もっと早くに見つけられたはずである。アヌラダさんによれば、長く別の地で生活し、亡くなる少し前にバネーシュワルに移り住んだのだろうというのだった。

きっとどこかでなんとかやっているだろうと信じていた。しかし彼女は〝存在する〟という領域から〝存在しない〟という領域へ行ってしまったのだ。心になんの準備もなくその事実を突き付けられた私は、ほとんど言葉を失っていた。

アヌラダさんの執務室がある2階から階段を下りたところでギータが待っていた。私を心配してくれていたようだ。彼女と並んで中庭があるほうへ歩いていく。よく手入れされた花壇を迂回し、もっとも奥まったところにたどり着いたとき、ギータが思い切ったような口調で話し始めた。

「実は、アンティにもう1つだけ内緒にしていたことがあるんです。アンティは、チャンヌーが親戚の男に売られたと聞いていましたよね？　それは嘘ではありません。確かに親戚の男が彼女をインドへ連れて行きました。でも、その男にチャンヌーを売るよう頼んだのは、彼女のお父さんだったのです。

でも、それが知られればお父さんは警察に捕まってしまう。だから、絶対に本当のことは話さないでほしいと口止めされていたのです。でも、チャンヌーはもういない。だから、彼女のマミーだったアンティにだけは、本当のことを話すことにしました」

救出されるまで同じ売春宿で働かされていたギータは、チャンヌーに関するほとんどすべてを知っている。彼女の言葉に偽りがあるはずはなく、そもそもこの期に及んで嘘をつく必要などない。彼女は実の父親に売られたのだ。

そんな父親と母親のために、彼女は身を粉にして働いた。恨んで当然の相手に、なぜとことん尽くしたのか。縁を切って当たり前の相手を、なぜあれほどまでに思慕したのか。そんなことを考えるうちに、アメリカの発達心理学者メアリー・エインズワースのこんな言葉を思い出した。

〈当たり前の愛情を受けた人間は上手に親離れができます。でも、愛情が満たされず大人になると、いつまでも親離れができない。体は大人になっても、心が大人になり切れないからです〉

チャンヌーも、幼い頃に受けられなかった愛情を取り戻そうとしていたのだろうか。もしかすると親を助けて認められることで、心の中の欠落した部分を埋めようとしていたのかもしれない。そう思うと胸が痛くてならなかった。小さな体をそっと抱きしめたかった。しかしそれはもう叶わない。

チャンヌーの享年は41。一生というには短すぎる。何が原因で亡くなったのかはわからないままだが、きっと彼女は薬を飲んでいなかったのだ。自分の病気も夫に隠していたに違いない。夫といっても結婚式を挙げ、籍を入れていたわけではなく、ただ一緒に暮らしていただけなのだと思われる。そんな不確かな関係にある相手に、AIDSであることを知られたら捨てられると恐れたはずだ。だからきっと、薬を飲む姿を見せるわけにはいかなかったのだ。

彼女が選んだ命を縮めるばかりの生き方が恨めしい。けれど、一つとして責めることはできない。貧しい家庭に生まれたことも、インドに売られたことも、売春宿で働かされたことも、病気になったことも、彼女が望んでそうなったわけではない。彼女はただ、何度も溺れつつ、押し流されながら一日一日を生き、最後に力尽きて水底に沈んでしまったのだ。

アプサラ

1983年生まれのアプサラもまた、チャンヌーの後を追うようにして外の世界へ飛び出した。

彼女の故郷はネパール東部のジャパ郡ウルラバリという小さな村だ。家族は両親と兄。一家の姓パリヤルは、仕立屋を生業とする最低位カーストの一つで、父親も仕立て職人として働いていた。

しかし、稼ぎの大半が酒代に消えた。母親はそれを窘めるどころか、一緒に酒をあおった。暮らし向きは常に苦しく、家の仕事を手伝うように言われて、小学校3年生に上がる手前で退学させられた。

やがて生活に行き詰まり、父親の兄を頼って家族全員でカトマンズに引っ越すことになった。チャーバヒルという町に小さな仕立ての店を出したものの、なかなかうまくいかない。両親はますます酒に逃げるようになった。酔っぱらった両親に嫌な顔を見せると叩かれた。

そんな両親に嫌気がさしたアプサラと兄は家を出ることにした。身を寄せたのはネパール西部の田舎にある父方の祖父母の家だ。ここでも食べていくだけでもやっとの暮らしだったが、暴力がないだけましだった。

1年ほどたったところで、サンギータという20歳の女性と親しくなった。ある日、彼女に「知り合いの夫婦がいるから、彼らを頼ってカトマンズに出よう」と誘われた。このまま田舎にいたところでどうなるものでもない。そう思ったアプサラは、サンギータと一緒に村を出ることにした。

知り合いの夫婦の口利きで、二人はカーペット工場で働くことになった。しばらくすると、アプサラだけ別の工場に回されることになったが、休日はいつもサンギータと遊びに出かけた。

その日も新作の映画を観ようと、映画館の前で待ち合わせた。上映までに少し時間があったため、茶店に入る。そこにちょうど、サンギータと顔見知りの男が居合わせた。お茶を飲みながらたわいもない話をしていると、男がいい仕事があると言いだした。マリファナを栄養剤のようにしてビニール袋に詰め、インドに運んで売る。その売り上げでインド製のさまざまな品を仕入れ、カトマンズで売れば大儲けできるという。工場の仕事はきつい割に給料が安く、この先、生活が上向くことはなさそうだ。サンギータにやってみようと言われ、３人でインドに渡ることにした。

しかし、連れて行かれた先はムンバイのカマティプラだった。

こうしてアプサラは14歳で売られた。いくら働いてもお金はもらえなかった。客がときどきチップをくれたが、店側にすぐに見つかって没収された。仕事を拒めば食事を与えてもらえず、病気になっても放置された。少しでも反抗すれば折檻された。

客に暴力を振るわれることもあった。アプサラの左腕には、一直線に20センチほどの古い傷跡がある。酔った客が些細なことがきっかけで腹を立て、突然、ナイフを振り回したときに負った傷だ。

そこはまさに地獄だった。一緒に働く仲間のなかには、耐え切れずに自殺した女性もいた。アプサラも、自分と同年代の女の子が命を絶ったところを目撃したそうだ。ナイフで手首と首を切り、大量の血を流して亡くなったという。恐ろしくて眠れない日が続いたが、それでも自ら命を絶つことだけはしないと決めていた。ときどき、警察がレスキューに入っていたからだ。その都度、隠し部屋に閉じ込められて救いの手を阻まれていたが、いつかきっと助けてもらえる日が来ると信じていたのだ。そしてその思いが通じ、売られた日から2年半後、16歳のときにRFによって救助されたのだった。

しかし、マイティに保護されたときの健康診断で、客の子どもを身ごもっていることと、HIVに感染していることがわかった。すでに中絶できる期間を過ぎていたため、慈しみの家で女の子を出産した。娘はアーシャと名付けられるが、幼い母は父親の知れない娘の存在に戸惑い、胸に抱くことさえ拒絶した。それでも、看護師や一緒に暮らす仲間たちに助けられながら我が子との関わりを続けていくなかで少しずつ母性が育まれていく。やがて娘の成長はアプサラの生きがいとなっていった。

拠り所を求めて

２００６年、アプサラたちが暮らしていた慈しみの家は、カトマンズの中心部から15キロほどのゴルカナに移転した。

自然豊かなサッチガッタは、穏やかに生活するには適した地だ。しかし、都市部に比べて医療レベルが非常に低く、重い病気を抱えたサバイバーたちに、十分な医療ケアが提供できないことは大きな問題だった。そこへ、ドイツの篤志家が土地と建物の取得にかかる費用を支援してくれることになり、移転が決まったのだ。サッチガッタほどではないものの、野菜を育てるだけの土地もあり、居住棟の設備も格段に充実した。徒歩圏内に医科大学の付属病院があることも安心できる点だった。

アーシャが小学校に上がるタイミングで、アプサラはマイティ本部に併設されるクリニックのヘルパーの仕事を任されることになった。月２０００ルピーの給料のうち、身の回り品の購入に充てる以外は貯蓄に回した。

アーシャは、勉強は少し苦手だったが、友だちとネパールの伝統音楽やインド映画の音楽に合わせてダンスを楽しむ快活な女の子だった。率先して自分より年下の子の世話を焼く、やさしい子でもあった。その半面とても甘えん坊で、「マミー！　マミー！」と呼びながら、アプサラの後をついてまわっていた。

「こんなんじゃ、自分の仕事が何もできないわ！」

と顔をしかめながらも、娘に注ぐ眼差しは温かかった。そして、

「お金を貯めて、化粧品やアクセサリーを扱う店を出したい。私が死んでも店があれば、アーシャも生活していけるでしょうから」

と、娘の将来を案じる母になっていた。

そんな彼女が2008年8月、突然、結婚したいと言い出した。マイティに保護されて8年目、25歳のときのことだ。

相手は、「ネパール・プラス」というNGOのスタッフだった。覚醒剤の回し打ちによってHIVに感染した男性たちの自助グループで、カトマンズ市内には同じような団体が雨後の竹の子のごとく設立されていた。国内のHIV感染者の増加が社会問題となり、欧米をはじめとする国際NGOが支援に力を入れ始めたところだったからだ。すでにマイティは、HIV／AIDS問題に取り組む団体として、ネパール全土に知られる存在となっており、アヌラダさんにアドバイスを求める他団体のメンバーがときどき、訪ねてきていた。この男性も何度か足を運ぶうちにアプサラと知り合ったという。

売春宿に売られた少女たちの中には、つらさのあまり精神を病んだり、自殺を図ったりする者もいる。しかし多くは生を希求するため環境に順応し、心の支えとなるものを見いだす。店いちばんの売れっ子となることを、自己肯定の手段とする者がいる。経営者に従属し、肉料理やアクセサリーといったささやかな褒美をもらうことを喜びとする者がいる。しかし、最大の支えとなるのは、馴染みの客との恋愛だ。

私がインタビューしたサバイバーは１００人を超える。そのうちの何人かから、こんな言葉を聞いた。

「恋人がいました。私をいつも指名してくれるお客さんです。お土産をたくさん持ってきてくれました。彼が来てくれることが、いちばんの楽しみだった。ほかのお客を取るときは、彼の顔を思い浮かべながら相手をしました」

売春宿で女は、無数の男を相手に体を開く。それは、性交という作業であり、相手の男は物体のようなものだろう。しかし、相手に好意を抱いたとき、物体は男と認識され、その相手との行為は性交ではなく、性愛となる。そして心を伴う性愛には、肉体的な悦びが生じることもあったはずだ。

マイティは、アプサラに安全な生活を与えた。施設にいれば、衣食住も治療も娘の養育も心配することはない。しかしそれらと引き換えに、よい母として羊のように生きることを求められる。それは彼女が望むものではなかったのだ。

アヌラダさんは、二人の結婚を認めることにした。ドラッグに溺れた過去はあるものの、更生して活動に力を注ぐ姿は信用に値すると判断したのだ。だが、一つ条件を出した。子どもの養育を任せられるとの確信が持てるまで、9歳のアーシャをマイティに残していくよう求めたのだ。

結婚を機にマイティを退所したサバイバーは、これまでに何人もいた。しかし、夫が働かない、暴力をふるうなどの問題であっけなく離婚となるケースが少なくなかった。

マイティで保護生活を送っていたという経歴は、インドからの帰還者であることを暗黙のうちに知らせることになる。こうした過去を持つ女性を、社会は温かく受け入れてはくれない。結婚となればなおのこと敬遠され、相手にしてくれるのは低所得者層や素行の悪い男ぐらいだ。HIVに感染した女性となると対象はさらに狭まる。ドラッグの使用によってHIVに感染した男性以外は望めないといっても過言ではない。

もちろん、悪事から完全に足を洗って立派に社会復帰し、円満な家庭を築いている者も大勢いる。その一方で、怠け癖が抜けず、退廃的な生活が改められない輩が少なくないのも事実だ。よってサバイバーたちには、好きな人ができたら必ず報告するよう言い聞かせているが、たいてい内緒のうちに深い関係となってしまう。そうした結婚の多くが破綻しているのだ。

アプサラの縁談にも憂慮せざるをえなかった。だが、結婚してからときどきかけてよこす電話に順調な暮らしぶりがうかがえ、どうやら取り越し苦労に終わりそうだと思っていたのである。ところがあと少しで結婚して丸１年というところで、耳を疑うような事件が起こったのだ。

結婚後、アプサラの夫はネパール・プラスから独立し、ネパール南東部のビールガンジを拠点とするＮＧＯを立ち上げた。当初はそこへ夫婦で赴任したが、数カ月後、夫は仕事の都合でカトマンズに単身赴任し、事務所の業務はアプサラに任されることになった。月に１度はビールガンジに帰っていたというが、基本的には別居生活が続いた。

事件は夫の不在中に起こった。アプサラが事務所に出入りしていた男と情を通じ、駆け落ちしてしまったのだ。

夫はアーシャをとてもかわいがっていたという。洋服やおもちゃ、お菓子を携え、度々面会に来ていたそうだ。頻繁に電話もあり、アーシャもアンクル（おじちゃん）と呼んでなついていたという。慈しみの家でともに暮らしてきた仲間たちの間でも、とてもいい人との評判だった。それなのに何の前触れもなく、そんな夫と娘を置き去りにしたのである。誰一人としてアプサラの行動を理解できなかった。

たしかにアーシャは、望んで授かった子ではない。父親がどこの誰かも知れず、出産後もその存在を受け入れられずにいた。しかし、仲間に助けられながらミルクを与え、おむつ替えをするうちに少しずつ母性が育まれていった。歩き始めたアーシャに「マミー！　マミー！」とまとわりつかれ、「自分のことが何もできない」と愚痴をこぼしながらも、その愛らしい姿に目を細めていた。

「私の家族はアーシャだけ。娘のためにがんばります」

そう言って仕事に励み、次第に母の顔となっていった。そうした姿は、決してまやかしではなかったはずだ。

しかし、娘の養育に捧げるだけの一生はあまりにわびしく思えたのだろう。彼女は夫に守られて生きることを切望した。そしてその願いは叶えられたはずだ。しかも、相手はアーシャを実の子のようにかわいがってくれていたのである。

いったい何が不満だったのか。いくら考えても確とした答えにたどり着かない。ただ、一つだけわかったのは、彼女は妻や母の立場を捨て、女として生きることを選んだということである。

母親の失踪は、アーシャに知らされることはなかった。９歳になったばかりの彼女がその事実を知れば、深く傷つくであろうことは想像に難くないからだ。

「マミーから電話はありましたか？　アンクルからは？」

と聞かれれば、

「ないわね。きっと仕事で忙しいのでしょう」

と言葉をかわしていたが、いつまでもごまかしきれるものでもない。月に１、２度あった連絡がぴたりと止んだのだ。薄々事実に気付いていたようだったが、これまでどおりに食事をとり、ほかの子どもたちと遊び、学校に通った。

しかしアーシャの胸に空いた風穴には、ずっと冷たいものが吹き続けていたようで、次第に快活さが失われていった。笑顔は見せてくれたが、笑わなくてはいけないというようなぎこちなさが感じられた。やがて彼女は、「マミー」という言葉を封印した。無関心を装うことで、母への思いを押し殺しているようだった。

母との再会

アプサラの消息がわかったのはそれから10年後、２０１８年8月のことだ。何の前触れもなくマイティを訪ねてきたのである。

アヌラダさんに問われるまま、音信不通になってからの生活について打ち明けたそうだ。駆け落ちした相手と正式に結婚し男児を出産したこと。その後離婚し、6歳になる息子は夫側に引き取られたこと。現在は両親と兄夫婦が暮らすバイラワの実家に住んでいること。抗ＨＩＶ薬の服用はきちんと続けており、健康上の問題はないこと。そして、アーシャを一度、実家に連れて行きたいと申し出たのだった。

アヌラダさんはどう判断すべきか迷った。感情に任せ、娘を置き去りにした過去は消せるものではない。だが、アプサラも35歳ともなれば落ち着く年齢だ。話を聞く限り、地に足をつけた生活を送っているようでもある。アーシャも18歳になっていた。母親との関係性を見直すことができる年齢である。アヌラダさんは考えた末、ダサイン祭の休暇をバイラワの家で過ごさせることにした。9年間も音信不通だった母に会える。そう聞いたアーシャは、うれしそうに顔を輝かせたという。口には出さなかったものの、やはり母を恋しく思う気持ちが心の奥底に潜んでいたのだ。

翌年のダサイン祭の休暇も母娘はともに過ごした。アーシャとしてはそのままバイラワの家にとどまりたかったようだが、10年生の終了時に受けるＳＬＣ試験を終えるまではがんばるようにといわれ、1、2週間滞在した後にマイティに帰された。

アーシャは生まれたときから重い病気を抱えていた。ＨＩＶに母子感染していたのだ。６歳のときには結核とＡＩＤＳを同時に発症し、生死の間をさまよった。長期入院して満足に学校に通えなかったため留年した。アプサラが駆け落ちしたときも勉強に身が入らず留年した。もともと勉強が苦手なこともあり、合計３回の留年を重ねることになった。そのため、本来ならすでにＳＬＣを終えているはずだが、いまだ７年生の教室で年下の子どもたちと机を並べていた。居心地が悪いに決まっていたが、将来のためになんとかＳＬＣだけは終えるよう、アプサラに言われていたのである。

しかし、こうしたささやかな交流の機会さえ阻まれることになる。新型コロナウイルス感染症の蔓延により、全国的に行動が制限されたからだ。そしてこの頃、母娘の人生が再び揺らぐことになるのである。

母の再婚

コロナ禍の最中にあった２０２１年１月、マイティから驚くべき知らせがあった。アプサラから再婚したとの報告があったという。

コロナ禍に入る少し前、彼女の両親が相次いで他界し、その直後に兄も事故で亡くなった。それを境に、兄嫁はアプサラをなにかと疎んずるようになった。２人の子どもを抱えて一人親となり、自分たちが生きていくだけでも精一杯のところへ、ＡＩＤ

Sを発症した義妹の存在は重かったのだろう。居づらくなったアプサラはカトマンズに移り住み、そのタイミングで相手と知り合ったという。

夫となったのは、またもやドラッグによってＨＩＶ感染した者の自助グループのメンバーだった。以前は大工をしていたそうだが、仕事中のけがで働くことができないといい、無職の状態が続いていた。アプサラがカトマンズ市内の小さな宿屋で賄い婦をしてなんとか暮らしていたそうだが、ついに生活が立ち行かなくなり、夫の実家に身を寄せているとのことだった。

事情を知ったアーシャは、マイティを飛び出した。母親に電話をかけて一緒に暮らしたいと訴えたという。突然、姿を消し、何年も連絡の一つもよこさなかった母親であっても、ただひたすらに思慕していたのだ。

しかし、アプサラはこれを拒んだ。そしてマイティのスタッフに、助けを求めてきたという。

「私たちは貧しい暮らしをしています。娘と一緒に暮らすことなどできません。学校に行かせることもできない。学校を辞めたら私のように苦労するから、勉強だけは続けてほしい。いくらそう言っても聞いてくれない。全然理解してくれない。どうか娘を説得してください。どうかマイティに連れ戻して勉強を続けさせてください」

アプサラの言葉は嘘ではないだろう。母として娘の将来を案じているのだ。だが、アーシャの受け入れを拒む理由はそれだけではなく、夫の家族の反対もあるようだった。

良縁とはとても思えなかった。それでもアプサラはこの結婚に懸けているようだった。

ネパール社会には、今も女性を低位に置く慣習や、インドからの帰還者に対するさげすみ、HIV感染者への差別がある。両親と兄を失い、学歴も手に職もなく、重い病を抱えたアプサラが生きていくのは、荒野を一人さまようようなものだ。だから支えとなる者を求め、家庭という安住の場を欲するのだ。その場所を守るには、娘を受け入れるわけにはいかなかったのだろう。

連鎖する不幸

アーシャはマイティに帰るしかなかった。周囲は学業を続けるよう説得するが、学校をやめて働くと言ってきかなかった。ともに育った仲間はとうにSLCを終え、大学進学や就職など新たな生活を始めていた。片や自分はまだ8年生だ。もともと勉強は得意ではなく、今さら遅れを取り戻す気にはなれないのだろう。もはや教室に閉じ込めておくわけにもいかず、美容技術のトレーニングを受けてはどうかとアヌラダさんが提案する。マイティが提携する美容院で、ヘアカットや美顔術、オイルマッサージの施術の指導を受けるのだ。ある程度の技術が身に着けば、美容院への就職も可能だ。努力次第で自分の店を持つのも夢ではない。

アーシャはこの提案に乗った。休むことなくトレーニングに通っていた。「1日も早く技術を身に着けて一人立ちしたい」と張り切っていた。その様子から、このまま落ち着いてくれるだろうと安心していた。ところが彼女はまたもや飛び出してしまった。

アプサラの元にも連絡はなく、行き場所に心当たりはなかった。警察の助けを借りて行方を捜し回ったところ、治安の悪い一角で素行不良の若い男たちと一緒にいるところを発見された。引きずるようにしてなんとか連れ帰ったものの、マイティで生活を続けることを頑なに拒んだ。彼女は22歳になっていた。いわば大人の女性であり、無理強いすることもできない。

「困ったことがあればいつでも連絡をよこしなさい」

そういって送り出すしかなかったという。

25歳となったアーシャは、現在カトマンズ市内の酒場でバーメイドとして働いている。慈しみの家でともに育ち、大学に通いながらマイティのスタッフとして働いている幼馴染が店を訪ねてみたそうだ。髪を金色に染め、ミニスカートをはいた姿は、以前とはすっかり違った雰囲気だったという。そしてカウンターの中でカクテルを作る彼女にこう言われたそうだ。

「マイティで働いていくらになるっていうの？　月にせいぜい1500ルピーか2000ルピーぐらいでしょ？　あなたの給料なんて、私は一晩で稼ぐわよ」

アーシャはバーに出入りする客を相手に春をひさいでいるようだった。

まるで自分の心と体を敢えて痛めつけているように見えたという。

前出のアメリカの発達心理学者メアリー・エインズワースは、〈子どもは幼少期に、親との信頼関係によって育まれる〝心の安全基地〟を作る〉といっている。それは、不安や恐怖、困難に見舞われたときなどに、安心して休み、傷を癒し、心のエネルギーを補給できる場のことだ。本来それは誰の心の中にも設けられているはずだが、幼少期にきちんと育まれないと、成人した後に支障が生じる。自信や勇気が持てず、自暴自棄になりかねないといわれているのだ。

幼い頃に親子関係でつまずいたアーシャの心は行き場をなくし、さまよい続けているに違いなかった。

性被害の傷

強制売春をさせられたインドでの数年間は、チャンヌーやアプサラから女性としての幸せの多くを奪った。人を好きになる自由も、健康も、命さえも奪った。そしてアーシャもまた、生まれながらにして重い荷物を背負わされることになった。

そんな彼女たちを、マイティは精一杯支えてきた。私たちラリグラスも可能な限り、彼女たちに寄り添ってきたつもりだ。しかし今思うのは、私たちはできる限りのことをしてきたつもりでいたが、実のところまったく足りていなかったのではないかということだ。

私たちの行ってきたサバイバーの支援活動は、主に未来に向けてのものだった。もちろん、保護された直後には、傷ついた心を癒すためのカウンセリングを行う。彼女たちが抱える苦しみや悲しみを受け止めようと、丁寧に話を聞くことから始めるのだ。イギリスへ渡ったサリタのように、サバイバー自身がカウンセラーを務める試みも行ってきた。しかしそれだけでは遠く及ばなかったのだ。

私たちは、忌まわしい過去とは1日でも早く決別し、前を見て進むよう促してきた。資金援助を受けて仕立屋を開いた女性や、美容技術をマスターしてビューティーパーラーを開業した女性を引き合いに出し、がんばれば彼女たちのように未来が開けるのだと説いてきた。だからつらい過去は早く忘れて、人生をやり直そうと背中を押し続けてきた。だが、そうする前にやらなくてはならないことがあったのだ。

アプサラは幼少期から満足に学校にも通わせえてもらえず、酒に酔った父や母に叩かれる毎日だった。チャンヌーもまた、勉強する機会を奪われ、働き詰めに働いた。誰かに大事にされることもない、愛されたりかわいがられることもない、すべてが素通りしていくような子ども時代を過ごしてきた。そしてその先に、火に焼かれるような苦しみがあった。来る日も来る日も性暴力を受け続けた。人ではなく、モノとして扱われることで、自分の人としての存在価値がたたき潰された。私たちはその傷の深さがどれほどのものなのかを理解し、十分なケアができていたのだろうか。医療レベルの低いネパールなのだから、このくらいで精一杯なのだと、自らリミットを設けていたのではないだろうか。

チャンヌーは12歳で、アプサラは14歳で売られていった。性に関する知識などまったくない年齢だ。そうした子どもが性被害にあった場合、〝自分は汚いのではないか〟と思い込んでしまうことが多いという。そしてその体験は後々、なんらかの形で影響が出るといわれている。親の愛情を十分に受けられず、自分は汚れていると思い込むような体験をした彼女たちが、自分を大切にすることなどできるはずもない。深く刻まれた傷が癒されないまま、未来に向かって歩を進めることなどできるはずもないのだ。

しかし、私たちはそれを理解し切れていなかった。表層部は治ったように見えたとしても、傷の深部は癒されてはいなかったのだ。だから何年も後に痛みがぶり返し、自らを傷つけるような行動をしてしまうのだ。幼い頃から大切にされた記憶のない彼女たちは、自分を大切にする方法がわからないのである。

もう少し早く気付いていれば、チャンヌーはもっと生きられたのかもしれない。アプサラも最初の結婚で手に入れた穏やかな生活を守り、もう少し別の形でアーシャと向き合えたのではないかと悔やまれてならない。

第5章

コロナ禍と人身売買

降りかかった試練

彼女たちがこのように過酷な人生を課せられることになった人身売買は、今もなお行われている。私たちの最終目標であるこの犯罪の廃絶への道のりは、まだまだ遠いと言わざるをえない。そこにもう一つ大きな課題が加わった。チャンヌーの死やアプサラとアーシャ母娘の姿から、サバイバーを真に救済するにはどうすればいいのか、その方法について改めて考え直さなくてはならないと思ったのだ。

そんな矢先、予期せぬ試練が降りかかる。２０１９年末から始まった新型コロナウイルス感染症の世界的流行により、私たちの活動に大きな支障が生じることになったのだ。

ネパール初の新型コロナウイルス感染が報告されたのは、２０２０年1月24日のことだ。武漢に留学していた32歳の男性が帰国後に体調を崩し、検査の結果、感染が判明したのである。ネパール政府は感染拡大を阻止するため、3月14日からすべての外国人に対する到着査証の発給を停止し、22日にネパールに発着する国際線の運航停止に踏み切る。そして3月24日にはロックダウンを発令した。

しかし5月上旬、ついにネパール初の新型コロナウイルスによる死亡者が出る。そして5月下旬になると、インド国境付近で一気に感染が広がった。

ネパールとインドの国民は、パスポートやビザ不要で往来できる。そのため、国境付近に暮らす人たちは頻繁に行き来している。もちろん、ネパールもインドも国境封鎖を講じていたが、１５００キロに及ぶ国境を完全に取り締まるのは不可能だ。監視の目をかいくぐり、移動する人が後を絶たなかったため感染が拡大したのである。

6月に入ると、カトマンズでも感染者数の顕著な増加が見られるようになった。アラブやインドへ出稼ぎに行っていた人たちが帰国したことが原因だ。帰国者は、政府の要請を受けたゲストハウスにおいて2週間の滞在を義務付けられていたが、ルールを守らず帰宅した者が感染を広げた。

衛生環境がよくないことも要因となった。カトマンズでは、慢性的な水不足が問題となっていた。そのため、シャワーを毎日浴びる市民は決して多くない。洗濯も週に1回程度が一般的で、衣類やハンカチは数日使いまわすことになる。タオルも家族で共用するのが普通だ。こうした生活習慣も感染拡大の一因となった。

以降、感染数は増加の一途をたどり、パンデミック開始以降、感染者数98万９８１人、死者数１万１０５２人が報告された（２０２４年3月末現在）。

コロナ禍の影響

新型コロナウイルスの世界的な蔓延は、人々に公衆衛生上の脅威を与えただけでなく、さまざまな方面に苦難を突き付けた。

2015年9月の国連サミットで、2001年に策定されたMDGs（ミレニアム開発目標）の後継として、SDGs（持続可能な開発目標）が採択された。2030年までに持続可能でよりよい世界を目指す国際目標として、17のゴール、169のターゲットから構成され、地球上の誰一人取り残さないことを誓うものだ。貧困の撲滅もSDGsの一つとして掲げられ、各国がさまざまな取り組みを行ってきた。その結果、1998年以降は改善傾向が続いていたのだが、コロナ危機によって初めて悪化に転じる。ネパール経済も大きな打撃を受けることになった。

最大の影響を受けたのが、ネパールの主要産業の1つとされる観光セクターだ。2019年、ネパールは119万7000人の外国人旅行客を受け入れたが、2020年は23万85人と8割減に転じた。感染拡大を水際で防ぐため、飛行機の乗り入れや陸路での入国を禁じたからだ。その結果、ホテルやレストラン、土産物屋、タクシーなど、旅行業に携わる人たちが生計を立てる手段を失うことになった。

ロックダウン中、民間企業は平均4分の1の雇用を削減したという。なかでもホテル・レストラン産業の失業率は40％と最も高い値を記録した。給与も平均で18・2パーセント削減されるなか、ホテル・レストラン業界は36・4パーセントと大幅に削減された。生活苦から故郷に帰る人が続出し、カトマンズの人口が30～40パーセント減少したといわれるほどだった。

こんな影響もあった。

ネパール経済は、隣国インドをはじめ、世界各国に渡った出稼ぎ労働者の海外送金によっても支えられている。2018年の統計を見てみると、在外ネパール人の母国への送金額は81億ドルに上り、ネパールのGDP（国内総生産）の3分の1に相当する。ところが、出稼ぎ先でも感染爆発が起こったため、数百万人の労働者が帰国を希望し、実際に約4万人が帰国した。海外送金の大幅な減少に加え、一気に帰国した多数の出稼ぎ労働者を受け入れなくてはならず、ネパール経済は危機的な状況に陥る。生活苦を訴える人は増加の一途をたどり、社会的弱者はさらなる窮地に追い込まれることになった。

新型コロナウイルスの感染拡大は、教育現場にも多大な影響を及ぼした。

ユニセフ（国連児童基金）とEU（欧州連合）が共同で発表した声明によれば、ロックダウンのピーク時、休校によって世界の学齢期の子どもの90パーセント以上が学校に通えず、そのうちの3分の1が教育から完全に切り離された状態にあったという。

ネパールでいうと、ほかの途上国に先駆けて、3月24日に発令されたロックダウンとともに学校閉鎖を開始したが、感染拡大に歯止めがかからず、学校再開のめどはなかなか立たなかった。

なかにはインターネット授業を行う学校もあった。しかし、通信インフラが整っていない地域の子どもや、インターネット環境を準備できない貧困家庭の子どもは必然的に対象外となってしまう。それでは学力の差を生むと反対の声が上がったため、すぐに取りやめとなった。私立学校においては、8月下旬からインターネット授業を再開し、感染者数の少ない農村部の学校などでは授業を始めたが、それ以外の学校は休校が続いた。

ネパール全土の学校が再開されたのは、2021年1月15日のことだ。しかし、もっとも授業開始が遅れた山間部の学校では、各教科の学習内容が一律3割程度削られることになり、教育格差が生じることになった。

災害後に増加する人身売買

人身売買犯罪は、災害後に増加するといわれている。

約9000人が犠牲となった2015年のネパール大地震直後もそうだった。家や職を失った被災家庭に仕事を紹介すると持ち掛けられ、多くの少女や女性が犯罪に巻き込まれたのだ。インド当局の発表によれば、国境で救出されたネパール人の被害者は、地震前の2014年は33人だったが、2015年に336人に急増。2016年が501人、2017年が607人とさらに増加したとのことだ。

コロナ禍においても、同様の現象が認められた。生活環境が悪化していくなかで、海外出稼ぎの斡旋を持ち掛け、多くの女の子たちが連れ去られることになったのだ。中東でのメイドの仕事を紹介すると言われて故郷を後にするも、経由地インドの売春宿に売られるケースや、中東にはたどり着いたものの、地下に潜った売春宿で働かされるなどのケースが横行したのである。

一例を挙げる。2020年末、女性5人がインド中南部のテランガーナ州の州都、ハイデラバード郊外にあるラジーヴ・ガンディー国際空港で足止めされた。出国手続きの際、必要書類に不審な箇所があり事情聴取したところ、斡旋業者に騙されていることが発覚したのだ。ネパール政府のガイドラインに従って本国に送還された5人は、マイティに保護され、カウンセリングを受けた後、家族の元に送り届けられたとのことだが、同様のケースは確実に増えていった。

インドや中東だけでなく、国内の人身売買も増加した。

インドのように広く知られた赤線地帯が設けられているわけではないが、ネパール国内にも性を売り買いする場所がある。古くからあるのが、交通の要所やバスターミナルに店を構える食堂で、トラックドライバーや乗降客を相手に売春を斡旋するというスタイルだ。

例えば、カトマンズから110キロに位置するムグリンは、この手の店が軒を連ねることで有名な街だ。

カトマンズを起点にインドへ向かう主要な陸路のルートは3つある。その1つが南部のタライ平原を東西に通る全長1020キロのマヘンドラ・ハイウェイを走り、ネパール東端の街カカルビッタを経由して、インド側ラーニガンジという街に通じるルートだ。国際流通の最重要道路とされており、昼夜を問わず、物資を輸送する大型トラックが行き交っている。その途中にあるムグリンは、トラックドライバーの休憩ポイントとされている。

日本でいえば、高速道路のサービスエリアや道の駅のようなもので、道路脇には食堂や茶店が軒を連ねている。その中に、売春を斡旋する店が混在しているのだ。

以前、アヌラダさんに同行し、このエリアの調査を行ったことがある。一見すると、なんの変哲もない食堂ばかりで、注文すると作り置きの白飯に豆スープ、肉や野菜のカレーや野菜炒め、漬物が大皿に盛り付けられ、ものの数分で運ばれてくる。おかわり自由で代金は２００円前後。早くて安くて満腹になるとあって、移動途中のトラックドライバーや長距離バスの乗客に人気だ。

食堂の外観はどれも似たり寄ったりで、とくに変わったところは見られない。軒先のかまどには大きな鍋が置かれ、隣のガラスケースにはジュースやスナック菓子が陳列されている。ハイウェイ沿いだというのに、ビールやウイスキーを並べる店も少なくない。

性的なサービスを提供している店の目印となるのは、奥まった場所にかかったカーテンだ。酒を飲み、食事をした後、その向こう側で女の子が相手をするのである。女の子の様子は特徴的だ。ネパール女性は基本的に、クルタ・サルワールというチュニックとズボン、ショールの３点セットを日常着としているが、彼女たちはボディーラインがはっきりとわかるＴシャツにミニスカート、赤く染めた髪と同色のリップという出で立ちなのだ。そして、店の入口近くのテーブル席に座り、客待ちをしているのである。

ネパール中部にある街ヘタウダには、私たちが支援するプリベンション・キャンプがある。この街のバスターミナルにも、ロッジといわれる簡易宿が、乗降客をターゲットとして同様のサービスを提供している。２０２４年4月時点の相場で、１時間程度相手をして１５００ルピー（約１５００円）。それをロッジと客引きと女の子で３等分するという。わずか５００円程度で春を売るのは、10代の貧しい女の子たちである。

このほか、ダンスレストランやマッサージパーラーの看板を掲げる店でも、暗黙の了解で売春を斡旋している。こうしたところで働く女の子たちの多くが、国内人身売買犯罪の被害者なのである。

コロナ禍のセックスワーカー

コロナ禍の後、人身売買犯罪は確実に増加した。だが、ほんの一瞬、動きがぴたりと止まった時期がある。いうまでもなく、移動の自由が禁止されたロックダウン期間中だ。

人身売買を阻止するために活動する私たちにとって、それはたいへん喜ばしい現象だった。だが、その一方で、別の大きな問題が生じていたのである。ホテルやレストラン、土産物屋、タクシーなど、旅行業に携わる人たちが失業したのと同じように、ダンスレストランやマッサージパーラーなどで働く女性たちが働けず、その日の食事にも事欠く状態に陥ってしまったのだ。

カトマンズ市内のセックスワーカーは、1万人に上るといわれている。そのうちの700~800人がひどく困窮した状態に置かれることになった。この中の100人程がマイティに助けを求めたことで、窮状を知ることになったのである。

驚くべきことに、マイティを訪ねてきた100人のうちの半数が、抗HIV薬を服用していたという。それは、その人がHIVに感染しているか、AIDSを発症していることを意味する。にもかかわらず、コンドームの着用は徹底されておらず、客が嫌だと言えば無理強いはしないというのだ。

生きるためにはなりふりなど構っていられない。新型コロナウイルスに感染しようと、HIVに感染しようと、今日1日を生き延びることが優先されるのだ。そんなすさまじいまでのある種の覚悟を間近に見たのは、2024年4月、3年8カ月ぶりにマイティを訪ねたときのことだ。

マイティは、コロナ禍で困窮する国内のセックスワーカーに対し、食事や当面の生活費の支給を続けてきた。その過程で、2つのセックスワーカー(14歳~68歳)の自助グループとつながりができたという。50代の女性をリーダーとする約30人のグループと、30代後半の女性をリーダーとする20人程のグループだ。

10代前半の女の子や、白杖を握る視覚障害のある女の子もいた。気付かないうちに妊娠し、月日が流れて出産に至るなど、子連れのセックスワーカーもおり、彼女たちの子どもを含めると60人強の集団となる。客や警察とのトラブルや、病気や子どもの問題などでリーダーが相談を受け、互いに助け合っているという。そんな2つの自助グループを、私の訪問に合わせて集めてくれたのである。

その中に、かなり年嵩の女性がいた。年齢を聞くと68歳と答えたが、ボサボサの白髪と深く刻まれた皺が、あと数歳は上に見せている。向こう側が透けて見えるほど生地が薄くなったサリーをまとい、裾から覗く足の爪は伸び放題で、かかとはひどく汚れてひび割れていた。彼女をセックスワーカーと捉えるのは難しかった。だが、次の言葉でそれが事実であることを知らされる。

「若い頃は、1回2000ルピー（約2000円）はもらっていたよ。今はいくらでもいいよと言っている。食べ物や酒をくれれば相手をすることもある。仕事をするのは、たいていラトナパーク（カトマンズ中心部の緑地公園）の公衆便所。夜は寺の軒先や、たまに客と一緒に安宿に泊まることもあるよ」

寺院の軒先で雨露をしのぎ、悪臭漂う公衆トイレで客を取る。相手は、彼女の暮らしぶりと大差のない、路上生活者が大半だ。日雇い仕事や物乞いで稼いだわずかな金で、酒と粗末な食事と格安の女を買うのである。

ここまでして人は生きていかねばならないのかと、声を上げて泣きたくなった。そして、人身売買はかくも残酷な犯罪なのだということを再認識させられたのである。

性犯罪の増加

コロナ禍は、性暴力や家庭内暴力も増加させた。

２０１７年のG７サミットで採択された「ジェンダーに配慮した経済環境のためのG７ロードマップ」を受けて、UN Women、ＩＬＯ（国際労働機関）、ＥＵ（欧州連合）によって立ち上げられた、ジェンダー平等を推進するための環境整備を支援する国際的なプロジェクト〈WE EMPOWER G7〉の報告によれば、新型コロナウイルスの感染拡大で外出が制限されてから、家庭内暴力や性暴力、性犯罪の報告件数が世界的に増加したという。ネパールにおいても同様の現象が見られ、ロックダウンが解除された直後、マイティには多数の家庭内暴力や性犯罪の被害者から相談が持ち込まれることになった。

いずれも耳を塞ぎたくなるようなひどい事件ばかりだったが、なかでも性暴力の被害にあった17歳の女の子のケースは誰もが強い憤りを覚えた。加害者が実の父親だったからだ。

父親は定職に就いておらず、一家の暮らしはとても貧しかった。娘は一度も学校に通わせてもらえず、病弱な母親に代わって家事を担った。その上、弟と妹を学校に通わせるため、数軒の食堂の下働きを掛け持ちし、月1万ルピーを稼いでいたという。

その日、家には父親しかおらず、突然、部屋に閉じ込められレイプされた。「誰にも言うな」と口止めされた。元来ネパールの家庭は父親が絶対的権力を持っている。到底、逆らうことなどできず、母親にさえ打ち明けることはできなかった。

事件が発覚したのは、彼女のお腹が膨らみ始めたからだ。母親に問い詰められ、ついに事実を告白し、マイティに駆け込む。警察に通報し、父親を尋問したところ犯行を自白。しかし、娘は中絶可能な時期を過ぎていたため、マイティで出産し、母子ともに保護生活を送ることになった。

5〜15歳の姉妹6人を保護した事件もあった。ネパール西端のスドゥパシュチム・プラデーシュ州の山あいの村で暮らしていたが、数年前に母親が失踪。その後、姉妹は十分な食事も与えられず、酒に酔った父親に暴力をふるわれることもあった。

西部地方の山間部は、ネパールの中でもとくに貧しい地域だ。そのため、男たちの多くがインドへと出稼ぎに行く。カトマンズより隣接するインドの街のほうが遥かに近く、仕事も豊富だからだ。しかし、出稼ぎに行くことができない家庭は、道路工事や建設現場の日雇い仕事をするなどして、糊口をしのぐしかない。姉妹の父親も、不定期な日雇い労働でわずかな収入を得ていたが、コロナ禍によってその道も絶たれてしまった。

生活苦のストレスから、娘たちへの暴力はエスカレートした。見かねた近所の人がマイティに通報して保護されたのだが、長女は性的虐待も受けていたという。

経済的・精神的に満たされないストレスは、社会的弱者に向けられがちだ。それは家庭という最小の社会でも同様で、暴力や虐待、性犯罪となって現れることになり、コロナ禍で加速することになったのである。

コロナ禍の中の活動

度々行われた行動制限によって不自由を強いられながらも、マイティが活動の手を緩めることはなかった。

新型コロナウイルス感染が拡大し、生活困窮者が続出すると、ネパール政府は２週間分の豆や米などの食料を配給したが、それだけで足りるはずもない。そこでマイティは、2020年6月、「コミュニティ・キッチン・プロジェクト」を立ち上げ、毎日、250人以上の貧困家庭の女性と子どもに、栄養価の高い食べ物を提供する活動を始めた。また、情報に疎く知識が不足している住民が多いため、感染予防に関する啓発活動とマスクや医薬品の配布も併せて行った。

女性に関する課題についても、2021年の1年間で3000人以上の強制売春やレイプ等の性被害者を保護し、58件の人身売買犯罪について訴訟を起こした。

数々の困難に見舞われながら、インドのRFも精力的に活動を続けた。

インドは感染拡大を防ぐため、2020年3月24日から70日近くに及ぶロックダウンを行った。しかし、経済を優先し、6月上旬から商業施設や大半の公共交通機関の運行を許可し、人が再び動き始めたことで感染拡大に拍車がかかる。

とくに、貧困層が密集して住むスラムエリアは、行政の支援が行き届かず、コロナに対する住民の理解も不足しているため爆発的な感染拡大が案じられた。

RF本部は、ムンバイの北部、ボリバリという地にある。この地域には低所得者層が暮らすエリアが多くあるため、ムンバイの中でもとくに感染者数が多いとされていた。

そこで、早速支援に乗り出す。5月には貧困エリアの1000世帯と、売春街の

インドの売春宿

ロックダウン中は客足が止まったが、
解除後に人身売買犯罪は急増した

282世帯に対し、衣類や食料、日用雑貨、医薬品などの提供を行った。

行動が規制されるなかにあっても、可能な限り救出活動を行った。2020年3月中にはムンバイで2回、救出ミッションを実施し、1回目は10名の少女を救い出し、売春宿関係者7名を逮捕。2回目は20名を救出し、3名を逮捕したのだった。

第6章

エカトラ・新しい回復のプロジェクト

打開策として生まれた新プロジェクト

新型コロナウイルス感染症の蔓延は、インド経済にも多大な影響を及ぼし、底辺社会に生きる人々の生活をさらに圧迫することになった。生活苦から親族が娘を売るケースが増え、被害者には明らかな低年齢化が見られた。そして、私たちの活動に多大な影響を及ぼすことになったのである。

ここからは、インドを舞台とした話を中心に記していきたい。なぜなら、インドにおける新型コロナウイルスの陽性者数は、一時期、アメリカに次いで世界2位となり、ＲＦ（レスキュー・ファンデーション）は大きな試練に見舞われることになったからだ。

とくに厳しかったのは、インド政府が行った２０２０年３月24日から70日近くに及ぶロックダウン期間中だ。ＲＦでは、外部の講師を雇用し、サバイバーを対象に基礎教育や職業訓練を行っている。しかし、ロックダウンによる移動の制限で、講師がシェルターホームに通えなくなってしまったのだ。当初はスタッフが泊まり込んで、低学年クラスの勉強を教えるなどしていたが、縫製技術や美容技術といった専門的なスキルを必要とする職業訓練までは対応できない。これまで教わったことを復習してもらうぐらいしかなく、予定していた指導計画が大幅に停滞することになった。

そこに追い打ちをかけるように、悪いニュースが飛び込んできた。RFが運営する4カ所のシェルターホームでは、約300名のサバイバーが保護生活を送っている。そのうち、ムンバイのホームの年間運営費をサポートするオランダのNGOから、コロナ禍の影響による団体の資金難を理由に、支援の一時中止の申し入れがあったのだ。各シェルターホームには、常時100人前後のサバイバーが保護されている。その一人ひとりに衣食と医療ケアを提供し、基礎教育や職業訓練を行っている。それらにかかる費用が賄えなくなったのである。

この話を聞いたラリグラスは、通常の経済支援とは別に、「コロナ緊急支援」として150万円を送金した。しかし、その後もいくつかの海外ドナーから支援を停止したいとの連絡があり、状況は悪化するばかりだった。

コロナ禍は、ネパール同様、インドでも家庭内暴力やレイプなどの性犯罪、人身売買犯罪などを増加させることになった。RFが保護しなくてはならない女性や子どもたちは増える一方だ。しかし、深刻な資金難が続いたため、苦肉の策として職業訓練の講師の減員に踏み切り、経費削減を図った。長年、熱心に務めてくれていた絵画の講師に退職を促すのは胸が痛んだというが、限られた予算の中にあってはやむを得ないことだった。

しかし、このような厳しい状況の中にあったからこそ、新たな職業訓練の手法が生まれることになる。

シェルターホームには、数年にわたって保護生活を送るサバイバーもいる。帰る家がない、家族との関係が悪く帰る意思がない、天涯孤独の状態にあるなどの理由で、長期に滞在しているのだ。こうしたサバイバーは、時間をかけて職業訓練を受けているため、スキルが高い。

不定期ではあるが、ＲＦは外部から内職の注文を受けることがある。例えば、ＲＦに協力的な衣類の卸業者から縫製の仕事が入ったりする。それを内職として請け負うのがスキルの高いサバイバーたちだ。賃金を得られるということは、市場に通用するだけの技術を備えているということである。そうしたスキルが高く、リーダーの資質を持つ女の子をトレーニングし、トレーナーに育てる。そのトレーナーが、４つのホームに保護されるサバイバーたちを対象に、各種職業訓練の講師役を務めるという仕組みを作ったのだ。

第一段階として、７人のトレーナーが選抜され、アクセサリー作り、縫製技術、コンピューター、基礎英語、美容技術、バッグ作り、ズンバ（ラテン系のダンス）の指導を担当することになった。トレーナーには、能力別に１０００～５５００ルピーの給与が支払われる。再びロックダウンのような非常事態に見舞われても、トレーニングを継続することができる点が最大のメリットだ。

雇用創出とエンパワーメントを目的とした持続可能なこのプロジェクトは、予想以上にうまく事が運んだ。そして2020年9月初旬、正式なパイロットプロジェクトとして、「EKATRA」(以下、エカトラ。ユニークの意)プロジェクトと命名されたのである。

エカトラ・プロジェクト

現在、エカトラのスタッフとして力を発揮しているのは、全員がサバイバーだ。スーパーバイザー1人、ヘッドトレーナー4人、トレーナー4人、アシスタントトレーナー16人の計25人で、インド人24人、ネパール人1人で構成されている。その下に12人の研修生が、アシスタントトレーナーの補佐役を務めている。力が付いたところでアシスタントトレーナーに任命され、トレーナーに昇進するという流れだ。

手工芸品のクラスは、ボランティアの講師とオンラインでつながり、トレーナーが現場の指導役を担って運営されている。縫製や美容、ダンスなど、専門的なスキルを要する科目については、毎日、外部講師が通ってくれており、トレーナーたちも自身のスキルアップを図るとともに、指導の方法についても学んでいる。

現在、ヨガ、ズンバ、コンピューター、手工芸品、美容技術、縫製技術、美術工芸などの訓練科目があり、それぞれ1〜2時間のトレーニングが行われている。2023年中の参加者は、基礎教育842人、縫製技術955人、美容技術955人、コンピューター774人、手工芸品485人、ヨガ1267人、ズンバ1560人を数えた。

赤や青、黄色の生地に白い文字で「EKATRA」と書かれたTシャツが、エカトラのスタッフのユニフォームだ。そのユニフォームを着たトレーナーたちの表情はとても明るい。施設内を颯爽と歩き、きびきびと指導に当たる姿は自信に満ちている。そんな彼女たちに憧れ、トレーナーを目指してトレーニングに励む女の子たちは多い。エカトラのスタッフは、ほかのサバイバーたちのロールモデルとなっているのだ。

プロジェクト発足から4年目を迎えた今、当初の目標を遥かに超える成果を見ることになった。業界の専門家や地元企業とのパートナーシップを確立し、さらなる専門的なトレーニングの機会を提供することで、サバイバーの雇用の機会を促すことがエカトラの今後の目標だ。そんな新しいビジョンを私たちに示してくれたのが、ラダ、プリヤ、マンジュの3人である。

母の仕事を受け継いだラダ

ラダ（26歳）は、エカトラがスタートした当初からアシスタントトレーナーに抜擢され、2023年11月にはスーパーバイザーに昇進した。4つのシェルターホームで行われているエカトラの活動を、総合的に監督するポジションだ。いわばサバイバーの中でもっとも評価が高く、誰からも尊敬されるエリートといえるが、ここにたどり着くまでの道のりはあまりに過酷だった。

彼女に「故郷はどこですか？」と尋ねたら、「ナグプール」と答えるはずだ。インドの南東部に位置するオリッサ州の町で、母親の実家がそこにあるからだ。だが、ラダが生まれたのは、マハーラーシュトラ州ガンガジャムナである。彼女の母親がその町の売春宿に人身売買され、客だった男性との間に生まれたのがラダなのだった。

出産を機に、母親は売春宿を離れ、夫と娘との家庭を持つことになった。

売春宿に売られてから5年ぐらいは、いくら客をとっても1ルピーの収入も得られない。しかし、女の子を買った代金の元が取れた段階で、客の支払いは店が8割、セックスワーカーが2割といった比率で分配されるようになる。そして、10年、15年と働いたところで、本人が望めば自由の身になることも許される。おそらくラダの母親も十分な期間、売春宿に尽くしたことで解放されたと思われた。

2年後には妹、3年後には弟が生まれた。妹の誕生と同時に、ラダはオリッサの母の実家に預けられることになった。祖父母との生活が9年続いた。生活は貧しく、学校には行かせてもらえなかった。再び両親と一緒に暮らせるようになったのは、12歳のときのことだ。賢いラダは一足飛びに4年生から学校に通えることになった。

しかし、平穏な暮らしもそう長くは続かなかった。

そもそもの始まりは、父親が自分の家を持つために、借金をしたことにある。母親もまわりから金を借り、小さな家を手に入れたものの、父親が病に倒れてしまった。借金の返済に加え、治療費も賄わなくてはならず、母親は知り合いから借金を重ねた。〝返済が滞ったときは2人の娘に肩代わりさせる〟という条件だった。そうしてなんとか治療費を工面したものの、そのかいなく父親は亡くなってしまった。

母親は悪い筋から金を借りていた。相手は売春街で幅を利かせるマフィアだった。雪だるま式に利子が膨らみ、返済のめどはまったく立たなかった。

「毎日、怖そうな男の人たちがやってきて、金を返せと迫られました。でも、とても返せる額ではない。いろんな人からお金を借りていたので、お母さんも誰からいくら借りているのか、わからないぐらいになっていました。だから、ガンガジャムナという赤線地帯で働くことにしたのです。以前、お母さんが働いていたところです」

こうラダは語った。売春宿で働くことを、自分で決意したというのだ。それもまったくの嘘ではないだろう。だが、母親によって、そうせざるをえない状況に追い込まれたというほうがしっくりくる。

彼女は17歳になったばかりだった。しかし、売春宿で働く際、母親が手配したラダのＩＤカードの年齢は、５歳上の22歳だったのだ。

売春宿はときどき、警察による摘発を受ける。未成年者（18歳未満）であれば有無を言わせず救出されるが、「自分は18歳以上であり、自らの意思で働いている」と言えば無理に連れて行かれることはない。つまり母親は、ラダが売春宿で働けるよう、年齢を偽って届け出たのではないか。そんな臆測が浮かんだのである。

このときの思いをラダは次のように話す。

「オリッサのおじいさんとおばあさんの家から、両親の家に移った後、初めて学校に通わせてもらいました。４年生からスタートして、７年生まで勉強しました。勉強はとても楽しくて、将来は学校の先生になりたいと思うようになりました。でも、売春宿で働くようになって、その夢は完全に絶たれたのだと思いました。この小さな部屋の中が自分の世界のすべてなのだ、もう二度と学校に通っていた頃の世界には戻れないのだと思いました」

毎日、たくさんの客の相手をさせられた。しかし、いくら働いても借金の相手に持っていかれた。

「これ以上、この店では続けられないと思い、ナンドゥルバールという売春街の店に移ることにしました。でも、お母さんが病気になってお金がかかったので、借金は増えていく一方でした」

母親はかつて売春宿で働いていたときにHIVに感染し、この頃、AIDSを発症したのだ。幸いラダは母子感染を免れてはいたが、借金の相手が取り立てにやってきて、ラダを別の店に連れて行こうとしたこともあったという。より過激なサービスを提供することで、料金をもう少し高めに設定する店だ。そこで働けば客の暴力から守ってもらえるなどのメリットはありそうだった。しかし、稼ぎはすべて借金返済の名目で奪われることになる。自分の肩にかかった母と妹の生活のため、手元に多少のお金が必要だったラダは、売春宿のおかみに訴えた。

「一生懸命働いて、借金は必ず返すので、このままこの店で働かせてください」

「わかった。おまえを信じるから、しっかり働いて金を返せ」

そう言ってくれたものの、寝る間もないほど働いても、返済は滞りがちで、借金のかたに父親が買った小さな家を奪われた。申し訳程度に、５万ルピーだけくれたという。後にわかったのは、家の名義が金を借りた相手の名前だったということだ。はじめから完全に仕組まれていたのである。

地獄のような日々から解放されたのは19歳のときのことだ。２０１７年１月10日に行われた大規模な売春街の摘発により、ラダを含む67人が救出されたのである。そのうちの19人が未成年者で、17人がＲＦのシェルターホームに保護された。

回復のプロセス

保護されたばかりのサバイバーの大半は、なにを尋ねてもほとんど答えない。そこがどのような場所なのか、これから自分はどうなるのかわからず、強い警戒心が働くからだ。だが、ラダは初めから、質問には素直に応じていたという。

「家に帰りたかったからです。ＲＦからお母さんに電話すると、『早く帰ってきて』と言われました。帰って来たら結婚できるようにアレンジするから、すぐに帰ってこいと言われたのです。でも、ＲＦから出るには訴訟を起こさなくてはならない。知り合いに紹介してもらった弁護士に相談したら、５万ルピーが必要とのことで、以前に借金した人が〝5万払ってやる、ＲＦから戻してやる〟と言っていると話していました」

普通に考えれば、それは借金のかたに再び売春宿に沈められることを意味する。度が過ぎる家族思いの彼女は母の求めを無視することができず、トリベニさんに相談を持ち掛けた。すると、弁護士を頼むのに5万ルピーなど必要ないと言われたそうだ。

「RFには弁護士のスタッフがいるから、あなたがお金を払わなくても裁判ができる。だから借金なんてしないで。ここなら勉強も仕事もできると言われました。カウンセラーのリナお姉さんにも、〝裁判が終わるまでここでがんばって。勉強も職業訓練もできるチャンスなのだから、しっかり学んで〟と言われました」

家族のために金を稼ぎたかったラダは、勉強や職業訓練よりも仕事が欲しいと訴えた。

トリベニさんも、当時の彼女の様子をよく覚えているという。

「警察署からシェルターホームに連れていくとき、彼女は頑なに拒みました。〝私は働かなくてはならない。仕事をくれるなら行ってもいい〟と言うので、必ず仕事を与えると約束しました。その約束どおり、保護してから2週間後には仕事を提供したのです。彼女はとても熱心に働きました」

最初はシェルターホームに訪問診療にやってくる医師の手伝いで、月500ルピーをもらった。診察を待つ人を順に呼んだり、血圧を測ったりする仕事だ。次に得たのが、仕立ての仕事である。外部の業者から注文を受け、クルタ・サルワールを縫うなどして月に３５００ルピーを稼いだ。

「お金を借りた相手から、〝返してもらうまでいつまでも待っている〟と言われていたのです。〝おまえが払えなければ、代わりに妹に返してもらう〟と言われたこともあったので、マミー（トリベニさんの呼称）にお願いして、妹を村からＲＦへ連れてきました。ＲＦに調べてもらったら、もう借金は返し終わっていたのに、言われるまずっと返していたのです」

借金返済の心配はなくなった。ＲＦは妹にも教育の機会を提供してくれたが、母と弟が気がかりでならなかった。

「そういう心配事があったり、売春宿での生活を思い出したりすると、気分が落ち込みました。心の中が黒く塗り潰されたような感じになるのです。そんなときは、リナお姉さんに話を聞いてもらいました。いつも〝今、あなたに必要なのは勉強することです。だから、お金を優先しないでください。今、がんばって勉強すればお金は後でもっと稼げます。だから焦らないで一歩ずつ進んでいきましょう〟と励まされました。迷っているときにカウンセリングを受けると、本当に気持ちが救われました」

片時も忘れたことがなかった母親とは、売春宿から救出された後に２回、会ったという。しかし、健康状態は悪くなる一方で、3回目の面会が叶わないまま、2019年に亡くなった。

ラダは、家族のために生き、今も家族のために生きているように見える。その小さな体でどれほどの重荷を背負ってきたのだろう。誰一人としてその重さを分かち合ってくれる者はなく、たった一人か細い腕で抱え続けてきた。

だが今、彼女には寄りかかることのできる人たちがいる。サバイバー全員がマミー(お母さん)と呼ぶトリベニさんや、リナのように親身になってくれるRFのスタッフたちだ。

それでもまだ、気分が落ち込む瞬間があるという。

「売春宿でいちばんつらかったのは、どんなことでしたか?」

私の問いかけに、彼女はこう答えた。

「たくさんの、違う人の相手をしなくてはならなかったことです」

胸に突き刺さるような言葉だった。想像するだけで、総毛立つような気がした。どれほど苦しい思いをしたことだろう。救出されてから7年たった今でも、その痛みから解放されていなくても当然だ。

「気分がふさいだときは、マミーやリナお姉さんと話します。そうするとリラックスできるのです。マミーは、ここにいる全員の名前を覚えてくれていて、一人ひとりを気にかけてくれている。そして、私たちががんばったときは、一人ひとりを褒めてくれます。ああ、自分は大切にされているんだ、マミーに愛されているんだ、私は特別な存在なんだと思える。それでまた元気になれるのです」

エカトラから生まれた新たな夢

実の母のように寄り添い続けるトリベニさんや、姉のように歩調を合わせてくれるリナたちのおかげで、だんだん過去のつらさを思い出す頻度が減ってきているというラダ。そんな彼女が務めるエカトラのスーパーバイザーの役割について説明してくれた。

「RFには4つのシェルターホームがあります。そのすべてで行われているエカトラの総指揮者として、プロジェクトのかじ取りをするのが私の仕事です。

週1回、各シェルターホームのトレーナーたちと電話でミーティングをします。2週間に1回はZoomミーティングをします。また月に1回、シェルターホームの責任者とミーティングをし、3カ月に1回、マミーを交えて全体ミーティングを行い、実際に各シェルターホームを訪問して、プロジェクトの進み具合を確認します。1人でプネーやデリーに行くこともあるし、スタッフと一緒に行くこともあります。

以前の私ならとても考えられないことでした。借金を返すために借金を重ねていたので、いったい誰からいくら借りているのかわからないぐらいでした。だから、いつも取り立ての人が来るんじゃないかとおびえていて、1人で出かけるのがとても怖かったんです。でも、今は怖さもほとんどなくなりました」

スーパーバイザーの仕事と併せて、トレーナーとしても手工芸品、基礎教育、美容技術（ヘアケアとメヘンディ）など、3つのクラスを受け持っているという。時にはカウンセリングを担当することもあるそうだ。

「トレーナーの仕事も簡単ではありません。なぜなら、ここにいる女の子たちはみんなとても難しいところから来ているから。気持ちが不安定になったり、泣いてしまうこともあります。だから、彼女たちのコンディションに合わせて、指導の方法を変えたりしています。

基本的にはサバイバーたちの興味があることを中心に教えています。指導の方法は、自分たちが受けたトレーニングだけでは足りないので、YouTubeやネット情報を参考にして勉強を続けています」

こう話すラダは、サバイバーたちからディディ（お姉さん）と呼ばれ、敬意と愛情を寄せてもらっていると実感しているそうだ。また、各シェルターホームへの訪問は、自分にとっても多くを学ぶ機会となっており、楽しく仕事に取り組めているという。

そんなエカトラは、彼女が新たな夢を描く契機にもなった。

「シェルターホームに入って職業訓練を受けるうちに、ビジネスウーマンになりたいと思うようになりました。安定した人生を送るためには、お金を稼がなくてはと思ったのです。ＲＦから紹介してもらった縫製の仕事やエカトラでのトレーナーの給料を貯めて、妹や弟たちと暮らせる家を建てるために、オリッサに土地を買おうと思っています」

トリベニさんによれば、ラダは家族のためならすぐに財布の紐を緩めてしまうという。本人もそれをわかっているようで、給料はＲＦのスタッフに管理してもらっているそうだ。

土地の代金は50万ルピーだが、亡き母の弟を通じて分割で支払うことになっている。一昨年に5万ルピー、去年5万ルピーの計10万払っており、２０３０年までに全額支払いを済ませるのが目標だ。土地が自分のものになった後は、たとえ小さくても自分の家を持つ。そのためにもビジネスウーマンになって稼ぎたいのだ。

「でも、エカトラを続けていくうちに、夢が少し変わってきました。みんなが作った手工芸品を販売するショップが必要だと思うようになったのです。エカトラでいろんな作品を作ってショップで販売し、一人ひとりの確実な収入源となるようコーディネートするのが私の新しい夢です」

裸足のプリヤ

ラダと同様、エカトラ開始時からのメンバーとして活躍するプリヤ（20歳）は、現在12年生。学業を続けながら、ムンバイのシェルターホームで、ヘッドトレーナーとしてコンピュータースキルを教えている。彼女はとても聡明で、教え方もとてもわかりやすく、誰からも一目を置かれる存在だ。もし、彼女が衣食住に困ることのない家庭に生まれ、人並みの教育の機会を享受できていたとすれば、どれほどすばらしい未来が開けていたことだろう。そう思わずにはいられないほど彼女は優秀で、そのあまりに壮絶な生い立ちを知ったとき、持っていき場のない憤りを覚えるほどだった。

彼女は実年齢よりも何歳か幼く見える。少女独特の華奢な体は、成長期に十分な栄養をとれなかったのではないかと思わせた。

生まれたのはマハーラーシュトラ州ヤバトマル。ムンバイから列車で13時間を要する貧しい農村地帯だ。そこには今も、父親とその妹である叔母が暮らしているという。

プリヤの母親は、父親の2番目の妻だ。最初の妻は、娘2人と息子1人がある程度成長した後に病気で亡くなった。その後にプリヤの母と恋に落ち再婚したのである。しかし、プリヤが生まれてから6カ月後に母が失踪。彼女は叔母に育てられることになった。

父親は自分の土地を持っていなかった。村人は総じて豊かさとは程遠い暮らしをしていたが、それでも農地を持つ家はあり、その畑仕事を手伝って農作物を分けてもらうことで食いつなぐような暮らしだった。

プリヤも父親も叔母も、サンダルさえ買えず、どこに行くのも裸足だった。それでも4年生まで学校に通うことができた。インド政府が国を挙げて、女の子の教育に力を注ぎ始めた頃だったからだ。

インドは、独立から100年となる2047年までに、先進国の仲間入りを目指す決意を表明している。目標達成のためには、年率7・6％のGDPの成長が必要とされる。また、経済発展に伴って海外文化の流入が進み、政府も女性の社会進出をさらに促すべきであると考えるようになった。そこで女の子の教育の機会を促進しようという潮流が生まれ、「ベティ・バチャオ（女の子を救おう）、ベティ・パダオ（女の子を教育しよう）」という政策を打ち出したのである。具体的には、貧困家庭の子女の学費免除や、結婚の際に必要とされるダウリ（インドの結婚の持参金制度）のサポートを行うといったもので、これを機に女の子が学べるチャンスが広がったのだ。

しかし、小学校に入学はできたものの、貧しさから勉強を続けることができない子どもは少なくない。プリヤも父親に、学校をやめて働くよう命じられるが、担任の先生が優秀な彼女のために動いてくれた。父親を説得し、無償で学べる全寮制の公立学校へ編入する手はずを整えてくれたのだ。

勉強が大好きだったプリヤは、うれしくてならなかった。

「一生懸命勉強して、いい仕事に就いて、たくさんお金を稼いで、お父さんに楽をさせてあげよう」

そう心に誓った。

幼い少女は叔母に売られた

彼女の運命の歯車が狂い始めたのは、5年生に進級して数カ月たったある日のことだ。教室に女がやってきて、プリヤに向かって「あなたは私の娘」と言ったという。驚いた彼女は家に走り帰り、父親と叔母に事情を聞いた。すると、その女はお前の母親だと言われ、同じ村のさほど遠くない場所で暮らしていると聞かされた。しかも、プリヤを母親に引き渡すことで話がついているという。

顔も覚えていない人に突然、母を名乗られても混乱するばかりだ。それでもそう決められたのならついていかないわけにはいかず、母親の家で暮らすことになった。

父との暮らし以上に貧しい生活だった。学校はやめさせられ、土地持ちの農家を手伝って食べ物を分けてもらい、その日の糧にした。そんな日々がしばらく続いたところで、母親がこう言った。

「ここで暮らしていたら、あなたに勉強をさせてあげられない。勉強ができるところに行きましょう」

そうして連れていかれたのが、ウッタルプラデーシュ州バングラ村だ。母親はその地で別の男性と結婚していたのである。貧しさから逃れるために再婚したのかもしれなかったが、むしろ生活状態はさらに悪化した。

期待していた学校へは通わせてもらえなかった。それどころか、事あるごとに継父は、プリヤと母親に暴力を振るった。ウッタルプラデーシュ州では、インドの公用語とされるヒンディー語が使われるが、プリヤはマハーラーシュトラ州の公用語のマラティー語しか理解できない。言葉が通じないことも継父をいら立たせたようで、理由もよくわからないまま叩かれた。

日常的な暴力から逃れるため、母娘は家出を図った。目指すは列車で数時間のところに住む叔母（母親の妹）の元だ。家を飛び出してしばらくしたところで気付かれ、継父に追いかけられたが、なんとか駅にたどり着き、逃げ切ることができたのだった。

しかし、叔母の家に身を寄せてからほどなくして、母親が血液がんに侵されていることが判明する。そのため、プリヤだけマハーラーシュトラ州ヤバトマルの生家へ返され、父親とその妹である叔母、異母兄や姉たちと暮らすことになった。

竹と藁で造った家は風が吹けば飛びそうなほどにもろく、もちろん電気などあるはずもない。食べるにも事欠くような最底辺の生活だった。

ある日、異母兄にレイプされそうになった。プリヤは全力で抗い、近くに住む叔母（母親のもう1人の妹）の家に駆け込んだ。そこでしばらく過ごした後、母親が暮らしているプネーに連れて行ってやると言われ、一緒に列車に乗り込んだ。

プネーに到着した日のことを、プリヤはこう話す。

「お母さんが待っているところへ行くと言われて、ホテルに連れていかれました。部屋に入ると男の人がいました。その人に〝お母さんはどこですか？〟と聞くと、すぐに来ると言われました。でも、なかなか来ないので、何度も聞いたら〝来ないよ。お前はこのために連れてこられたんだ〟と言いました、そして服を脱ぎ始め、私に覆いかぶさってきたのです。嫌だと言ったら殴られ、叔母さんに40万ルピーも払ったと言われてレイプされました。私は12歳か13歳ぐらいで、生理もまだ始まっていませんでした」

叔母は売春の斡旋をしていたのだった。

プリヤはミニスカートをはかされて、客が待つホテルやロッジに連れていかれた。部屋に入ると外から鍵がかけられ、中で何をされようと逃れることはできなかった。ほかのセックスワーカーと一緒にホテルに送り込まれたり、客を誘うため表に立たされたりすることもあった。幼く可憐なプリヤは人気が高く、口も利けないほど疲れるまで働かされたが、金はまったくもらえなかった。

仕事を拒めば叔母に叩かれ、要求に応じなければ客に殴られた。実家に帰ることもできなかった。絶望の泥沼に身を沈められたプリヤは、何度か手首を切って自殺を図るが、いつもすぐに見つかってしまった。

ある日、隙を見て逃げ出した。頼ったのは、バービー（お姉さん）と呼んでいた売春宿のおかみだ。しかし、逃げてきたところでこの店に住まわせてもらう以上、売春をするしか生きるすべはなく、何かが変わることはなかったが、実は1度だけ大きなチャンスがあったのだ。バービーの店に警察の摘発が入り、何人かの女の子たちと一緒にレスキューされたのである。

暗闇の中に一条の光が差したようなほのかな希望を抱いたが、それも一瞬にして潰えてしまった。おかみが警察に賄賂を払い、プリヤを店に連れ帰ったのだ。それからは、さらにひどい扱いを受け、夜中の2時、3時まで働かされた。客の希望でホテルに10日間軟禁され、おもちゃのように弄ばれることもあった。

プリヤはここからも逃げ出した。プネーのバスターミナルで3日間過ごすうちにレイプされた。傷を負った捨て犬のようなプリヤにやさしく声をかけてくれる女性がいた。誘われるまま彼女についていくが、そこもまた売春宿だった。

アームカットの痕は10を超えていた。死にたくなるほどつらいときに付けた傷だが、本当に死にたくてそうしたのかもわからない。生きるために客の相手をし、それがつらくて自ら体を傷つけ、それを繰り返すことで命をつないだ。

RFに救出される

RFのプネー支部のレスキュー・チームが売春宿に踏み込んだのは、プリヤが14歳のときのことだ。内偵員がスパイとして使っていた男から、幼い女の子が働かされているとの情報提供があり、救出ミッションを決行したのである。

プリヤは、プネーのシェルターホームに保護された。しかし、すぐに脱走を図った。

「そこがどういうところかわからないので逃げたのです。でも、2日後に警察に捕まってRFに戻されました。

初めはまったく馴染めず、誰も信じられなかった。カウンセラーから何を聞かれても、本当のことは言いませんでした。本当のことを話したらどうなるか怖かったからです。いちばん怖かったのは、家に帰されることでした。家には私の面倒を見てくれる人がいないので、とても生きていけないと思ったのです。だから、話したのは自分が生まれた村の名前だけでした」

彼女が変化の兆しを見せ始めたのは、シェルターホームに保護されてから5〜6カ月後のことだ。

「カウンセリングのとき、いつも言われていたのは、これからの人生のために勉強をしたほうがいいということです。私はもともと勉強することが好きで、ずっと学校に行きたかった。それができると言われたのです。同じように売春宿から救出された女の子たちも、みんな勉強をしていました。それを見ているうちに、ここが安心できる場所だということがわかってきました。それで、自分のことを話す気持ちになり、お母さんの電話番号を教えました。シェルターホームに来てから11カ月目のことです。

でも、電話に出たのは男の人でした。お母さんの消息は今もわからないままです」

この頃からプリヤの中の氷塊が、次第に溶けていった。「勉強がしたい」という言葉がこぼれるようになった。そんな彼女の希望を叶えるため、ムンバイのシェルターホームに移転させ、9~10年生の共通試験であるボード試験を受ける準備を始めた。

インドの学年は、1年生から12年生（日本の高校3年生に相当）という形で数えられる。1~5年生（6~10歳）及び6~8年生（11~13歳）までの8年間が義務教育で、9~10年生（14~15歳）までの2年間が中等学校となり、10年生修了時に行われる共通試験に合格した者が、11~12年生（16~17歳）までの後期中等学校に進んで2年間の教育を受けられる。そして、12年生修了共通試験を受け、その結果によって希望する大学に進学するというシステムだ。

しかし、このように学校制度が8年+2年+2年の12年間とされていても、実質年数が前後することがある。例えばプリヤは、家庭の事情により、5年生の途中で学校をやめなくてはならなかった。しかし、9年生と10年生の学力を測るボード試験を受けて合格すれば、10年生までの教育を修了したとみなされる。つまり、一定の学力が認められれば、飛び級ができるというわけだ。

このボード試験に挑戦するための準備を進める過程で、プリヤの心の中の氷塊は完全に溶けることになる。

「試験を受けるためには、以前通っていた学校から書類を取り寄せる必要がありました。だから、カウンセラーのリナお姉さんと一緒に村に帰ったのです。ムンバイのシェルターホームに移ってから、リナお姉さんにはいろいろお世話になっていたのですが、あんなに遠くて貧しいところまで足を運んでくれたのです。感謝の気持ちでいっぱいでした。だから3カ月間、ものすごくがんばって勉強して、78%の成績を取ることができたのです。自分の人生の中で、いちばんうれしいことでした」

試験に合格したプリヤは、11年生に進む。失った時間を倍速ともいえる勢いで取り戻していったが、すべてが順調だったわけではない。売春宿で体験したさまざまな出来事がフラッシュバックし、絶望に誘い込まれることがあった。

「重く抑えつけられた気持ちになって、この先、どんなにがんばってもうまくいかないような気がしてくるんです。そんなときは、リナお姉さんに相談するんです。話を聞いてくれて、YouTubeで〝Jeet Fix You〟という映像を観せてくれました。問題を抱えた人ががんばってそれを乗り越えていくというストーリーです。いろんな人の話が紹介されているのですが、大変なのは私だけじゃない、世の中には苦しくてもがんばっている人がこんなにいるんだと知って、勇気が湧いてきました。

あと、気持ちが落ち着く音楽を聞かせてくれたり、ビデオゲームで一緒に遊んでくれたりしました」

姉のように慕うスタッフからかけられた言葉にも救われたという。

「何もしないままずっとここにいて、年を取ったらどんな生活をすることになると思う？　キッチンで女の子たちの食事を作るの？　外に出るとしたら、物乞いをして生きていくの？　そういう生活をしたくないなら、そうならないための準備を今しなくちゃ。勉強しなさい。家の事情はわかってるでしょ？　お父さんにはあなたを助ける力はないのだから、自分でがんばるしかない。そう言われてやる気が出ました。このときにかけられた言葉を思い出すと、今もがんばらなくちゃ、という気持ちになります。11年生からは英語で授業を受けることにしました。今12年生ですが、この前の試験でAグレードの成績を取ったんですよ」

こう話すプリヤは誇らしげだ。インドでは、授業で使われる言葉が選択できる。マハーラーシュトラ州の学校では、マラティー語で行われる授業、ヒンディー語で行われる授業、インドの準公用語とされる英語で行われる授業が用意されているが、彼女は英語での授業を選択した。英語を選択する生徒は学力優秀として、一目置かれる存在なのだ。

父親との再会

勉強にエカトラのトレーナーの仕事にと多忙な毎日を送るプリヤだが、先月、数日の休暇をとって、RFのスタッフとともに2度目の帰郷を果たしたという。ボード試験を受けるための書類を整えるため、数年前に以前通っていた学校を訪ねたことはあったが、実家には足を延ばさなかった。父親に会いたい気持ちはあったが、故郷にはつらい思い出しかない。〝会いたい〟と〝会いたくない〟の挟間で揺れながら、いつの間にか歳月が流れていたのである。

再び故郷に帰るきっかけを作ったのは、実はラリグラスにある。2023年11月、私たちは次年度の事業計画として、2024年6月上旬にトリベニさんとサバイバー2名を招聘し、講演会を開催することを決定した。早速、トリベニさんに打診したところ快諾をもらい、同行させるサバイバー候補を挙げてくれたのである。そのうちの一人がプリヤだったのだが、日本に行くためにはパスポートを作らなくてはならない。しかし、幼い頃に親と離れ離れになり、公的な書類などほとんど整っていない。まずは、出生地の役所に出向くところから始めなくてはならず、それが2度目の帰郷となったのである。

「実家に帰るのは7年ぶりでした。お父さんはほとんど目が見えなくなっていました。お土産にサンダルを持っていきました。すごく喜んでくれて、あまり目が見えないのに、娘が来たんだから自分が作って食べさせたいといって、料理をしてくれました。私がムンバイで勉強をしていると話すと、泣いて喜びました。そして近所の人たちに〝うちの娘はムンバイの学校に行っている。英語で勉強している〟と自慢していました」

父親は7年の月日を経てもなおお裸足のままで、以前と変わることのない貧しい暮らしをしていたそうだ。そんなたった一人の大切な家族のために、そして自分のために、プリヤは将来についてこう語る。

「12年生を終えた後は、公認会計士になるための勉強をする予定です。今、RFの経理部のスタッフとして働いていて、会計ソフトの勉強もしています。でも、アプリケーション開発にも興味があるので進路をどうするか迷っているところです。エカトラでは、コンピューター・クラスの講師をしているし、情報技術の試験で71%を取ったんです」

どちらの道に進むかなかなか定まらないだけでなく、次々とやりたいことが出てくることに少し困ったような表情を見せつつも、学ぶことを心から楽しんでいるようだ。

父親の存在は、さらなる原動力となっているようでもある。

だが、父親に対しては複雑な感情があったはずだ。幼い頃は、プリヤを膝にのせて遊んでくれたという。そんな父親が大好きだったと話す彼女だが、父親としての責任を十分果たしてくれたかと問われれば否と言わざるを得ない。学歴も財産もなく、他人の畑を耕すことぐらいしかできない父は、我が子を学校に通わせることもできなかった。そして、プリヤの母親に請われたのか、本人の気持ちを確かめることもなく娘を手放した。その先に待ち受けていたのが、幼くして売春を強要されるという悲劇だ。そうした過去のすべてを水に流し、すんなり父親を受け入れられるものなのだろうか。

父親と再婚した母親は、20歳以上も年が離れていたそうだ。裕福な家庭に嫁ぐならまだしも、かなり年上の貧しい男性の後妻に入ったことを不思議に思った私は、プリヤに「お父さんはハンサムですか？」と尋ねてみた。若さも財力もないとすれば、持てるものは魅力的な容姿なのだろうと思ったからだ。

「はい。とても」

プリヤは、そう言うと少し得意げな表情を見せた。彼女は幼い頃と変わることなく、お父さんっ子のままなのだ。どんな扱いを受けたとしても子どもは親を慕い、そうすることで愛を求めるのかもしれない。

ネパールから売られてきたマンジュ

マンジュ（27歳）は、ネパール出身だ。アッチャム郡マンガルセンが生まれ故郷である。

彼女は、2017年1月10日に行われた大規模な売春宿の摘発により、前出のラダとともにレスキューされた。本来であれば、健康診断とカウンセリングを受け、必要な法的手続きを行った後、ネパールに送還されるのが通常の流れだ。家族が迎え入れてくれるのであれば直接家族のもとへ、家族の受け入れが困難であれば、マイティのサポートのもとで社会復帰を目指すのである。だが、マンジュはネパールに帰ることなく、救出された日から7年間、ムンバイのシェルターホームで生活を続けている。

理由は、帰る場所がないからだ。

2018年8月の法改正によって、明確に禁止されることになったが、ネパールでは長きにわたって重婚が認められていた。マンジュの母親も、父親の2人目の妻だ。1人目の妻に子どもができなかったため、重婚したのである。

マンジュと妹が生まれてしばらくすると、1人目の妻を村に残し、一家4人でタライ平原のカイラリに降りることになった。マンガルセンは、山あいの非常に貧しい村だ。小さな畑を耕すぐらいではとても食べていけず、村人の多くが出稼ぎに行く習慣があり、マンジュ一家もそれに倣ったのである。

カイラリに移った後、父親はそこからムンバイに出稼ぎに行った。警備員として働き、その仕送りで家族は暮らしを立てられていたが、マンジュが7歳のときに父親が病気で亡くなると、たちまち生活苦に陥る。母親が働き詰めに働いて、なんとか学校に通わせてもらっていたが、7年生に上がる直前、叔父から結婚するよう命じられた。

「結婚後も勉強を続けさせるという約束でした。勉強は続けたかったけど、私はまだ14歳だったので、結婚なんてしたくありませんでした。でも、お母さんからも結婚するようにと言われて、断り切れなかったのです」

ネパールでは、1963年から児童婚を禁止しており、結婚が法的に可能な年齢を男女共に20歳以上と定めている。にもかかわらず、ネパールはアジア地域において3番目に児童婚率が高い国といわれており、女の子の場合、37%が18歳未満、10%が15歳未満で結婚しているとのデータが発表されている。

児童婚が行われる理由として、女の子に重要なのは貞節であるとされ、穢れを知らないうちに嫁がせるべきと考える古くからの風習が挙げられる。また、貧困も大きな要因の一つだ。子どもが1人いなくなればその分、養育費がかからなくなり、家計への負担が軽くなるからである。

もちろん幼い女の子が自ら望むはずもない。雨のように涙を流し、どうか嫁がせないでくださいと懇願することだろう。だが、ネパール国民が信じるヒンドゥー教は、女性に三従を説いている。「生まれた家では父親に従い、結婚後は夫に従い、嫡男を生み育て、成長した後は嫡男に従うこと」とされ、生涯、清く慎ましく生きることを求められているのだ。こうした風潮は農村部ほど根強く、父親の決定を覆すことはきわめて難しい。いくら法律で禁じていても、昔からの習わしが保たれたままの地域も少なくないのだ。

幼くして嫁ぐ女の子たちは大きなリスクを抱えることになる。体が成熟していないうちに妊娠・出産することになるため、健康を害する確率が高まるほか、妊娠中毒症や難産が原因となり、死に至るケースも多数報告されているのだ。

将来にも大きなリスクをはらんでいる。仮に夫と死別したとすれば、たいていの場合、試練に見舞われることになる。学齢期にある中での結婚は、女の子たちから教育の機会を奪う。十分な教育を受けておらず、手に職もない女性が自力で生きていくことは非常に難しいのだ。

そんな児童婚を、マンジュは強いられたのである。しかも、学校に通わせてやるという約束は反故にされ、家事の一切と畑仕事を担わされた。年の離れた夫との生活も嫌でたまらなかったマンジュは、１年もたたないうちに人目を盗んで逃げだした。

「走って逃げました。そして貸電話屋から、母親の家に電話をしたんです。でも、電話に出たのは叔父さんの息子で、帰りたいと言ったら、結婚したのだから帰ることはできないと言われました。そして少し前に、母親が病気で亡くなったことを知ったのです」

行き場のないマンジュは、自力で生きていくしかなかった。小さな食堂で食器を洗う仕事を見つけ、その日１日をやり過ごすので精一杯の暮らしだった。

２０１１年のある日、食堂の店主の従弟だという男に、いい仕事があると持ち掛けられた。インドで経営している布や靴を扱う店で、店員として働かないかというのだ。食堂から食べるものと寝る場所は与えられてはいたが、単に胃袋を満たし、泥のように眠るだけの生活だった。そんな暮らしに疲れ果てていたマンジュは、藁をもつかむ思いで男について行くことにした。しかし、国境を越えて連れて行かれた先は、ナシークという街の売春宿だった。

「抵抗すると、ひどい暴力を加えられました。腿にそのときにできた傷の痕があるのですが、その傷が治らないうちから客の相手をさせられました。私は15歳でしたが、年齢を聞かれたら19歳とか20歳と答えるよう言われていました。だから、一度だけ警察の摘発があったのですが、年を上に言ったので助けてもらえませんでした」

唯一のチャンスを逃したマンジュは、その店で4年間、売春を強要されることになった。その後、ナンドゥルバールという街の売春宿に転売されて、2年間働かされた。ナンドゥルバールは、マハーラーシュトラ州北西部に位置し、グジャラート州、マディアプラデーシュ州2州と接する人の往来が激しい街だ。自ずと売春宿への出入りも多く、朝から晩まで客が途絶えることはなかった。

そんな生き地獄のような生活から救い出されたのは、2017年1月10日。マンジュは20歳になっていた。

告白までに2年かかった理由

マンジュは、売春宿のあったナンドゥルバールの警察署に留め置かれた。その日のうちにカウンセラーのリナとスタッフがやってきて、1回目のカウンセリングが始まったという。

「ムンバイのシェルターホームに行こうと言われました。でも、ムンバイはとても怖いところだと聞いていたので、行きたくないと答えたのです」

売春宿に売られてきた少女たちは、そこで生きていくしかないと諦めるまで、徹底的にマインドコントロールされる。その手法は実に巧みで、店のおかみがやさしく声をかけ、気持ちを解きほぐすことから始められる。怯えを和らげ、聞く耳を持たせるためだ。そして、聞く耳を持ったところで、店のマネージャーや古株のセックスワーカーが加わり、恫喝と甘い言葉を織り交ぜながら時間をかけて洗脳していく。「おまえを買った10万ルピーはおまえの借金だから、売春して返す責任がある」などと、到底、都合がつけられない額を提示し、売春するしかないと思い込ませる。そして、脱走を防ぐため、「賄賂を払っているから警察はなんでもいうことを聞く。逃げ出して派出所に駆け込んでも、すぐに連れ戻される。反抗すればお抱えのマフィアに殴る蹴るの暴行を加えさせる」と脅すのだ。

その一方で、おかみが「私も昔、売られてきた。初めは仕事をするのは嫌だったけれど、がんばって働いて今のような金持ちになった」と語り、これ見よがしに金の装飾品を並べたてる。どうせ逃げられないのなら覚悟を決めて、おかみのように大金を稼ぐほうが得策だと思わせるのだ。

マンジュも同じようなマインドコントロールで洗脳されていたのだが、そのなかで「ムンバイの売春宿ほど恐ろしいところはない。ここのほうがずっとましなのだから、転売されたくなかったらちゃんと働け」と思い込まされていたのである。

「ムンバイには行きたくないという私のところへ、リナお姉さんは何度も通ってくれました。そして何回目かのとき、とてもやさしい声で、〝RFに来れば、勉強や仕事ができる。でも、あなたが嫌だと言えば強制的にはさせない。あなたのペースで生活すればいい〟と言ってくれたのです。だから、行ってみようという気になりました。警察署に保護されてから1週間がたっていました」

自分の意思で決めたことではあったが、初めはムンバイのシェルターホームを刑務所のように感じたという。

「最初は自分のことを話さなかった。怖かったのです。村には戻りたくなかったので、話せば戻されるのではないかと怖かった。お父さんもお母さんも亡くなって頼れる人は誰もいません。嫁いだ家を飛び出したうえに、何年も売春宿にいたことを知れば、親戚も受け入れてくれるはずはないのです。

でも、カウンセリングを受け、マミーと話すうちに、ここが安全なところだということがだんだんわかってきました。リナお姉さんに、〝あなたの過去は変えられない。だから後ろは見ないで前だけ見て。これから先には、必ずいい将来があるから〟と言われて、勇気が湧いてきました。それでほかの女の子たちとも少しずつ話すようになり、そのうちに友達もできました」

気持ちが落ち着いてきたところで、RFは彼女にキッチンのヘルパーの仕事を提供した。シェルターホームに保護されるサバイバーの食事を作る係だ。

学齢期を過ぎていても、本人が希望すれば学校教育を受けることも可能だ。施設内に〝ベーシック・クラス〟という教室が設けられており、義務教育期間に教わる科目が学べるようになっている。そこで必要科目を学び、プリヤのようにボード試験を受ければ進学することもできるのだが、マンジュは勉強より働くことを希望したのである。

キッチンのヘルパーとして働きながら、縫製技術の職業訓練を受けた。ミシンの扱いに慣れたところで、外部の縫製工場に働きに出るようになった。安全面からだけでなく、1人で外出するのを怖がる彼女のために、スタッフが送迎をしてくれたという。

マンジュがすべてを告白する気になったのは、このタイミングでのことだった。シェルターホームに入所して丸2年がたった頃である。きっかけは、マイティのスタッフと電話で話をしたことにあった。

「それまでは、マミーもリナお姉さんも、私に強く聞くことはありませんでした。でも、私はネパール人なので、本当なら国に帰らなくてはなりません。それで、一度マイティ・ネパールのスタッフと話をして、どんなところなのか様子を聞いてみたらどうかと言われたのです。でも、私はネパールには帰りたくなかった」

帰る意思がないということを、ずっと封印していたネパール語で伝えたという。ネパール語も理解できるトリベニさんが電話でのやりとりを聞き、マンジュの気持ちを理解してくれたそうだ。

「ずっとここにいてもいいと言ってくれたのです。それで本当に安心することができて、これまで私がたどってきた過去のすべてを打ち明ける気持ちになりました。でも、まだ少しだけ怖かったので、話したのはカウンセラーのリナだけです。ほかの人には言わないでとお願いしていたので、ずっとマミーも本当のことは知らなかったはず。マミーに全部を話したのは、6月に日本へ行くメンバーの候補になり、プロフィールを作ると言われたからです」

彼女が言うように、リナがトリベニさんになんの報告もしなかったはずはない。相手について1つでも多くを知ることが、心のケアの第一歩だからだ。そして、RFの心のケアはリナ一人で担っているわけではなく、ほかのカウンセラーやスタッフたちと連携して取り組まなくてはならない。それでもマンジュの希望どおり、情報の共有は限られた人たちの間にとどめることにした。彼女との約束を守り、トリベニさん

エカトラ・プロジェクト

貧困によって教育を受けられないことが、人身売買犯罪に巻き込まれる原因に。エカトラ・プロジェクトでは、インドの教育カリキュラムに沿った基礎教育と、確実に収入が得られる技術の習得を目指した職業訓練を行っている。

は何も知らないふりを続け、事実を完璧に伏せ続けてきたのだ。本当に相手のことを大切に思うのであれば、それは当たり前にできることだ。子を思う親や、長年の友との間での約束は、守って然るべきことなのだ。だから、マンジュはリナを心から信頼することができたのである。

「リナお姉さんにすべてを打ち明けたとき、自分の本当のお母さんと話しているような気持ちになりました。リナお姉さんは、ダメなことはダメと叱ってくれる。実の母親以上に私のことを考えてくれるのです」

リナやトリベニさんの思いは、まっすぐ、そしてしっかり届いている。

RFで取り戻した誇り

仕事に熱心に取り組む姿勢と優しい性格が評価されたマンジュは、現在、シェルターホームのケアギバーとして働いている。日本語に訳すと介護者となるが、保護されるサバイバーの日常生活をサポートする役割だ。体調が悪そうな女の子に声をかけたり、仲間同士の言い争いの仲裁に入ったりと、こまやかな気遣いが求められる仕事である。また、安全面を配慮して、外部へ通じる扉は常に施錠されているのだが、学校に通うときや病院に行くときなど、必要に応じて鍵の開け閉めをするのも彼女の仕事だ。

インド政府の認可を受けているNGOは、決して多くはないものの、政府から補助金が受けられる。RFの場合、年間運営費の70%が海外からの寄付、26%がインド国内からの寄付、4%がマハーラーシュトラ州政府の補助金で賄われており、ケアギバーとしてのマンジュの給与は州政府から支払われているとのことだ。

「つまりマンジュは、マハーラーシュトラ州のスタッフということなんです。そうよね？　マンジュ？」

トリベニさんの言葉にははにかみながらも、頬に誇らしさが浮んでいる。1年ほど前から学業への取り組みも始めたとのことで、来年には9～10年生のボード試験に挑戦するそうだ。

ホームの中では数の少ないネパール出身であることや、十分な教育を受けていないことなどから、保護されてからの数年間は引っ込み思案なところがあったマンジュだが、ケアギバーに任命されて以降、少しずつ積極性が表れてきたという。コロナ禍の中でズンバを習い、後にエカトラのズンバクラスのトレーナーとして活動するようになってからは、まるで別人のように快活になったそうだ。

貧しい家庭に生まれ、幼くして嫁がされ、異国の売春宿に売られたマンジュ。二重、三重に背負わされた苦難を乗り越え、州政府のスタッフとして、エカトラのスタッフとして認められたことで、彼女は人としての誇りと自信を取り戻したのである。

カウンセラーに聞く心のケア

ラダ、プリヤ、マンジュの3人は、幼かったあの日に人生を粉々に砕かれた。しかし、RFに救出され、シェルターホームで保護生活を送るうちに彼女たちの人生は復活し、今はそれぞれの夢に向かって強い足取りで歩を進めている。自ら死を望むほどの体験をしながらも、なぜここまで回復できたのか。プリヤは学校の制服を着れば、普通の高校生と何ら変わりなく、人身売買犯罪のサバイバーなのだと聞かされたとしても、いったい誰が信じることだろう。それほどまでに、彼女たちは回復を遂げたのである。

だが、現在地に至るまでの道のりは、たやすいものではなかったはずだ。彼女たちは、魂の殺人といわれる性暴力の被害者であり、一生癒えることがないであろう心の傷を負わされた。それでもRFに保護されたサバイバーの多くが社会復帰を果たし、人生のやり直しに成功している。いったいどのような心のケアを行っているのか。どのようなプロセスを踏めば、ラダやプリヤ、マンジュのように心を生き返らせることができるのか。チャンヌーを亡くし、アプサラとアーシャを救い切ることができないでいる私は、RFで実践されているケアの方法を改めて知る必要があった。

2024年3月、私はムンバイに飛んだ。

現在、RFの4つのシェルターホームには、リナを含む4人のカウンセラーが常駐している。プネーに社会福祉学の修士課程と臨床心理学の博士課程を修了した女性カウンセラー1名、ボイサルに臨床心理学の修士課程を終えた女性カウンセラー1名、デリーに社会福祉学の修士課程で学び、特別授業として精神医学のコースをとっていた女性カウンセラー1名という構成である。

その中でもっとも経験豊富なリナに話を聞かせてもらうことにした。ムンバイ大学の大学院で心理学と心理療法を学んだ後にRFに就職し、今年で勤続17年となるベテランだ。彼女はいつも多忙で、私の限られた滞在スケジュールの中では、なかなかじっくり話をする機会が持てなかった。しかし今回は、時間をたっぷり取ってくれたのである。

インタビューは、RFのムンバイ本部の2階に設けられたカウンセリングルームで行うことにした。広さは8畳ほど。腰窓が1つあり、そこから外光を取り込むよう設計されている。だが、隣接するビルの陰になるため、直射日光が差し込むことはない。

ほの暗いとも感じる空間だが、それがかえって落ち着いた雰囲気を醸し出していた。

しばらく近況に関する雑談をした後、どのようなカウンセリングを行っているのかを話してもらうところからスタートした。

「まずは名前や年齢、故郷の住所や家族構成を聞いて、女の子たちのバックグラウンドを把握するところから始めます。でも、最初は誰もがほとんど話してくれません。一番の理由は、ここがどういうところかわからず怖いからです。これまで散々、騙され、搾取されてきたトラウマから、誰も信用できないのです。2つ目の理由は、自信がないからです。スティグマのせいで、自分のことを話せないのです」

スティグマは、日本語の〝差別〟や〝偏見〟などに相当する言葉として使われる。個人の持つ特徴に対して周囲から否定的な意味づけをされ、不当な扱いことを受けることだ。言葉の由来は、古代ギリシャにおいて、身分の低い者や犯罪者などを識別するため、体に付けられた〝烙印〟にある。現代では精神疾患やＨＩＶ感染、ＬＧＢＴＱなどの特徴を持つ人々に対する社会的なレッテルとして使われることが多く、偏見や差別を引き起こすリスクをはらんでいる、

「スティグマは、社会通念や偏見に基づいて、特定の個人や集団を劣っていると見なすことです。サバイバーの女の子たちのスティグマは家族に起因するもので、貧困と

教育不足から差別を受け続けてきました。だから、彼女たちの生育環境を知ることはとても重要なのですが、簡単ではありません。彼女たちは、人生が破壊された状態でここに来ます。身も心もボロボロになっていて、コミュニケーションを取ることさえ難しい状態にあるのです」

彼女たちに接する際、大切なのは静かに待つことだという。

「自由に自分のことを話してもらい、感情を吐き出させます。よほどのことでない限り、これしないで、あれしないでと言わないようにします。例えば、一般社会では決して使わない売春宿独特の悪い言葉を使ったり、大声で怒鳴ったりしてもとがめません。彼女たちは、幼い頃から押さえつけられてきました。それと同じように、これしないで、あれしないでと強く言えば、委縮し、ますます心を閉ざしてしまうのです。待っていれば、やがて自分で気付いてくれます。あんなこと言わなければよかった、あんなことしなければよかったと、彼女たちのほうから言ってくるようになるのです。だいたい2週間ほどで落ち着きを見せるようになりますが、数カ月かかる場合もあります」

少しずつコミュニケーションが取れ始めたところで、ＨＴＰテストを行うという。サバイバー一人ひとりに絵を描いてもらい、そこに表現された内容から、個人のパーソナリティや心理的特徴を読み取る心理検査の一種だ。例えば、家の絵は家族に対するイメージや家庭環境を、木の絵は感情や欲求を反映し、人の絵は自己像や感情もしくは親などの重要な人物に対するイメージを反映するとされている。

「女の子たちに絵を描いてもらい、その絵について説明してもらうことで彼女たちの心理状態を探るのです。ほとんどの女の子に共通するのは、子どもの頃の家庭環境が非常に悪いという点です。親がいない、いつも叩かれていたなど。親戚も含め誰も愛情をかけてくれず、ひどい扱いをされていた子ばかりなのです。

だから、タッチ・ヒーリングを取り入れています。手を握ったり抱きしめるなど、体を触って安心させる。そうすることで、あなたを愛しているよ、安心してもいいよと伝える。子どもの頃にもらえなかったものをあげるのです」

これらと並行して、カウンセリングを重ねていくという。一人ひとりの状態に応じて、個人カウンセリングとグループカウンセリングを行っているそうだ。

「初めは、全員に個人カウンセリングを行い、ある程度、落ち着いてきたらグループカウンセリングを行います。

グループは、できるだけ同じようなバックグラウンドを持つ人同士で作ります。基本的には出身地で分ける。ムンバイでは日常的に使われるマラティー語が、西ベンガル州出身の女の子やネパール出身の女の子にはあまり理解できない。ベンガル語やネパール語とは全く違う言葉なので、彼女たちは、彼女たちにもわかるヒンディー語のグループに入れるのです。

グループカウンセリングのメリットは、共感し合える点です。女の子たちは、売春宿に売られ、強制売春をさせられていたという共通の体験をしています。だから、彼女たちにしかわからない苦しみや悲しみを共有し、理解し合うことができる。

自分たちとまったく違う世界で生きてきた人から〝大丈夫ですよ〟と言われても、気休めにしか聞こえなかったり、〝あなたに何がわかるのか!〟と反発したくなるものです。でも、同じ痛みを知る人の言葉は受け入れやすい。自分の悩みの参考になる示唆がたくさん含まれていることもあるのです」

グループカウンセリングはとても有効に働くというが、みんなの前ではなかなか話すことができない女の子もいるという。

「例えば、大きな怒りを抱えている女の子はとても頑なです。なので、まずその怒りを引き出す必要があるので、個人カウンセリングを続けます。長い時間がかかることもありますが、何かをきっかけに、堰を切ったように心の澱を吐き出すようになります」

回復傾向にあった女の子の状態が、後退してしまうこともあるそうだ。

「私のところにやってきて、〝ディディ（お姉さん）、誰かに怒りたい気分です。なぜかはわからない、何に対してかもわからないけど無性に怒りたいのです〟と言ってくる。そういうときは、こちらからは何も言わないで、チョコレートやチューインガムを口に入れてあげます。すると、だんだん落ち着いてきて、心の中のモヤモヤを打ち明けてくれます。怒りの原因や正体をはっきり説明できなくても、吐き出すことですっきりするのです」

エカトラのスーパーバイザーを務めるラダや、トレーナーのプリヤとマンジュも、気分が落ち込むときがあると話していた。ラダはリナに話を聞いてもらうという。プリヤやマンジュも息苦しさを感じたときは、リナや、姉のように慕う古くからのスタッフに受け止めてもらっているそうだ。みんなのリーダー的存在として、毎日を意欲的に過ごしている彼女たちであっても、いまだ心の回復の途上にあるのだ。

次にエカトラに期待できる効果について聞いてみた。

このいちプロジェクトが、サバイバーに好影響を与えていると感じたのは、コロナ禍後の2023年4月、3年8カ月ぶりにRFを訪問したときのことだ。ダンスやヨガ、演劇など、日頃のトレーニングの成果を披露してくれるのが恒例となっているのだが、久し振りに見せてくれた演目のすべてが格段にレベルアップしていたのだ。

例えば、以前はイベントの司会をスタッフが担当していたが、このときはエカトラのリーダーが流ちょうな英語でMCを務めた。全体プログラムの構成から演劇のシナリオ、ダンスの振り付けや衣装も、すべてエカトラのメンバーが担当したという。シェルター全体のモチベーションが目に見えて高まっているのは明らかだった。

私が感想を伝えると、リナがそれに頷いた。

「エカトラでの成功体験は、サバイバーたちに少しずつ自信と誇りを持たせていきます。それを積み重ねることで、トラウマやスティグマから解放されていくのです。そんな先輩の姿が後輩の女の子たちのモデルとなって好循環を育みます。エカトラは、サバイバーが心を回復していくためのプラットフォームなのです」

しかし、どれだけカウンセリングを重ねても、回復の兆しが見えないサバイバーもいるという。そうした女の子は、月に1回、外部の精神科医に診てもらっているそうだ。

「現在は2人、投薬治療を受けています。1人は14歳の女の子で、12歳のときから3年間、叔母に売春を強要されてきました。PTSDと診断されていて、幻覚や幻聴の症状があり、とても難しい状態です。もう1人は、15歳で売春宿に売られた17歳の女の子です。売春宿では、意のままに操るために、麻薬や酒を与えるケースが多く見られます。この子もレスキューされるまでの2年間、麻薬漬けにされていたので、激し

カウンセリング

カウンセラーのリナと話すサバイバー。課題はまだまだ多いが、ピアサポート（仲間同士の支えあい）や職業訓練などをカウンセリングと組み合わせる独自のケアが出来上がりつつあるい禁断症状が出るのです」

投薬治療の効果もあり、ほか女の子たちとトラブルを起こすようなことはないという。だが、心に抱えた苦悩はとてつもなく深く、回復への道のりは非常に険しいとのことだった。

チャンヌーを救えなかった理由

トリベニさんは、とても優秀カウンセラーだとリナを評す。１つだけ不満を言うとすれば、遅刻が多いところだそうだ。10時の出勤時間を守れたことのほうが少ないぐらいで、時には半日遅刻することもあるらしい。規則では、日給の半分がカットされることになるが、彼女にはそのペナルティを課していないという。度重なる遅刻に目をつむっても、カウンセラーとしての力量を認めている。

１時間近く話をしたなかで、彼女が優秀なカウンセラーであることは私も認めるところだった。もっともそう感じたのは、彼女の次の言葉を聞いたときだ。

「トラウマやスティグマはとても根深いものです。だから、どれだけカウンセリングを重ねても、大元までたどり着くことはなかなかできない。当事者でない私が、いくら女の子たちの気持ちを汲み取ろうとしても、すべて理解することはできない。だからどれだけトリートメントを続けても、癒し切れない女の子はいるのです」

私が抱く優秀なカウンセラーのイメージは、相手に寄り添い、決して相手のすべてをわかったとは考えない人といったところだろうか。いくら専門家であったとしても、憑依でもしない限り、別人格同士が100％理解し合えるはずはない。ギリギリまで近づくことはできたとしても、同化はできないと思っているのだ。リナはそれを大前提として、精一杯、そしてある種の謙虚さをもって、相手に近づこうと努力しているように見えた。

だから彼女に聞いてみた。なぜ、チャンヌーは転落したのか。彼女はマイティのエースとして活躍し、仕事を得て自立を果たした。それは彼女に自信と誇りをもたらしたはずだ。それにもかかわらず、なぜ、自らの手で新しい人生を破壊したのか。リナならどう考えるかを聞いてみたくなったのだ。

すると彼女はこんな例を挙げた。

「幼い頃に性的な虐待を受けた女の子は、一旦、救出されても売春宿に戻ることが多い。一般社会に戻っても、差別を受けたり、生きにくさを感じて戻ってしまうのです。

西ベンガル州出身のサバイバーが、こんなことを話していました。彼女はここで保護生活を送った後、縁あって結婚しました。けれど、1年ほどすると離婚したいといってきたんです。夫の相手をするとき、売春宿にいたときの気持ちが蘇り、苦痛でならない。セックスを楽しいものだと思えないのは、レイプされ続けたからだ。こんな自分が結婚生活を続けても、幸せになれるはずがない。だったら、売春宿にいたほうがよかった。セックスすればお金をもらえたし、嫌なことは嫌と断ることもできたというのです。

私たちからは幸せそうに見えても、彼女たちの辛い記憶は何年たっても大きなしこりとなって頭の片隅に引っかかっているのだと思いました。そして、私たちはまだまだサバイバーの気持ちを理解できていないのだと感じたのです」

ずっと完成しなかったパズルに、最後のピースがはまったような気がした。リナの言うとおり、私たちはチャンヌーの絶望を理解できていなかったのだ。

マイティのエースとして一目置かれ、あのまま努力を重ねていれば、今頃彼女は見事に人生を立て直したサバイバーとして活躍していたに違いない。かつてタイや日本でスピーチしたように、ほかの国にも足を運び、聴衆の前で演説し、たくさんの拍手をもらったことだろう。理解ある相手と出会って結婚していたかもしれない。私たちは彼女に、そんな未来を描き、彼女もそれを望んでいると思っていたが、そのすべてを彼女自身が破壊した。なぜそうしたのか、彼女を知る人たちの間でいろんな臆測が上ったが、誰も真の理由を見つけることはできなかった。

それがこのとき、わかったような気がした。

チャンヌーの心の傷は回復し、未来に向けて着実に歩いていると思っていた。しかしそれは、私たちが勝手に思い込んでいたに過ぎなかったのではないか。彼女はつらい記憶を深いところに沈めていただけで、その記憶は剝がしても剝がしてもかえって厚みを増していったのでないか。いくら意識下に閉じ込めようとしても、ささくれをなでられたように嫌な記憶が蘇る瞬間があったのではないか。私たちはそれに気付かず、前を向いてがんばれとただ背中を押し続け、大きな負担を課していたのではないか——。

私たちが行ってきた心のケアはまったく足りておらず、そして未熟なものだったのだ。

マイティで、カウンセラーの肩書を持つのは女性スタッフ1人のみだ。専門家としては彼女1人で、マイティ本部に保護された女の子すべてのカウンセリングを行っている。しかも、カウンセリングといっても、生まれた村や家族構成を尋ね、どのようにして連れ去られたのか、売春宿でどのような生活を強いられていたのかを聞き取り、家族のもとへ帰りたいか、あるいはマイティで勉強や職業訓練を受けたいか、今後の希望について聞く程度だ。それはカウンセリングというより、いわば事情聴取である。しかもここで方向性が決まり、精神疾患の疑いや問題行動が見られなければ、カウンセリングはこの1回限りで終了となる。心のケアに十分な時間を費やさないまま、次のステップへと押し出されるのだ。

チャンヌーもそうしたケアを受けたなかの一人だった。

本当はわかっていた。マイティは、精神面のケアが十分ではないことをわかっていたのだ。わかっていながら、敢えてそこには触れることなく、ただ前を向こうとしていたのである。

心のケアのこれから

ネパールにおける心のケアは、かなり後れをとっていると言わざるをえない。

1997年、慈しみの家が開設されたとき、初代ナースとして常駐していたスシュミットリーは、当時、マイティを経済支援していたイギリスのNGOのサポートによって、ローハンプトン大学ロンドン校で、カウンセリング心理学を3年間、学んだ。そして帰国後、そのNGOの要請により、「アーシャ・ネパール」という団体を立ち上げた。インドの売春宿から救出された女性や女の子たちをケアし、一般社会に戻る手助けをするのが主な活動だ。

スシュミットリーはいわば、心理学の専門家である。心のケアがいかに大切で、その回復には長い時間がかかるということをよく理解しているはずだ。それでも十分なケアには至っていないと言う。

アーシャ・ネパールのカウンセラーは、スシュミットリーのほかにもう1人いる。カトマンズ市内にあるCounseling Psychology and Social Studies College（CPSSC）という教育機関で6カ月間、カウンセリング技術のトレーニングを受けた後、実践に入ったそうだ。団体が運営するシェルターに保護された女の子に対し、週1回1時間のペースでカウンセリングを行うという。これにグループカウンセリングも並行して行う。不眠や不安症状を訴え、なにかの拍子に泣き出してしまうなどの症状がある子には、より長い期間カウンセリングを継続するとともに、絵を描かせたり、ヒーリング音楽を聴かせるなどしてリラックスさせる。筋肉をリラックスさせるため、ダンスやヨガなども取り入れているそうだ。それでも力が及ばない場合は、精神科に連れて行き、治療を受けさせるという。しかし、これで十分なケアができているわけではないと、スシュミットリーは言う。

「カウンセラーの力量は、明らかに足りないと思っています。なんとか経験を重ねることでやっていますが、専門的な勉強が不十分なので、難しいケースに当たると行き詰まってしまう。本当に基本的なことしか対応できていないのです」

マイティが保護する女の子たちは、アーシャ・ネパールの何倍にも上る。それに同じ１人のカウンセラーで対応しているのだから、カウンセリングに費やす時間も質も自ずと不足することになる。そうした状態をずっと継続してきたマイティは、心のケアの重要性を真に理解していないのだ。それはマイティだけでなく、ネパールという国全体がそうだったのだと思う。

しかし昨今、ネパールも少しずつ変化してきた。コロナ禍で受けたストレスから、うつ病患者が急増し、心の病気が身近なものであると知られるようになってきたのだ。

スーラジ・サッキャという知人がいる。トリブバン大学教育病院のメンタルヘルス科で臨床に当たるとともに、12年前から臨床心理学の准教授として教鞭をとっている。

彼によれば、ここ数年、心理学や精神医学を学ぶ学生が増えてきており、世間的にも関心が高まってきているという。現在、彼のもとで学んでいる学生は約３００人。ネパール国内の精神科医は約２１０人、臨床心理士は約40人に上るそうだ。彼の教え子の中にもカウンセラーとして活躍する人が現れているという。

以前は、心の病気といえばひとまとめにうつ病と診断されていたが、都市部のハイレベルな病院であれば、統合失調症やパニック障害、ＰＴＳＤなどに分類されるようになってきた。わずかではあるがカウンセラーも増えてきており、心の病気を抱える人を支援するＮＧＯなども誕生した。それでもいまだこの分野は立ち遅れていると言わざるをえない。薬を飲まされ１日の大半をベッドで過ごす人や、医者にかかることもなく、外鍵のついた部屋に閉じ込められている人たちが確かにいるのだ。

そんな精神衛生の分野においてはいまだ発展途上にあるネパールで、サバイバーの心の回復をどのように図っていけばいいのか。

第一に思うのは、カウンセラーの増員と、カウンセリング技術の底上げだ。ラダ、プリヤ、マンジュの話を聞き、カウンセリングがいかに重要なものかを知った。そして、カウンセラーには十分な知識と熱意が必要であることを知った。信じて待つこと。あなたは大切な存在であると伝えること。可能な限りの愛情を注ぐこと。幼い頃に得ることができず、欠落している部分を、温かな言葉や手の温もりで補っていくこと――。

これらがサバイバーに対峙するカウンセラーに求められることなのだと、彼女たちから教わった。このマインドを持ったカウンセラーがマイティには必要なのだ。

エカトラ・プロジェクトもまた、指針を示してくれた。

自分のスキルを活かして役割を持つこと。自分の仕事が認められること。給料を得ること。学びを継続できること。これらのすべてが彼女たちの喜びとなり、自己肯定感を取り戻すための糧となる。ネパールのカウンセリング技術の未熟さを補ううえでも、エカトラは有効に働くはずだ。それこそが、トラウマやスティグマから解放されるためのプラットフォームとなるはずだ。

もちろんインドとネパールでは、さまざまな点で条件が異なる。著しい経済発展を遂げるインドであれば、仕事を得るチャンスは十分にあり、努力した分だけ可能性は広がる。一方のネパールは、努力が実りづらい社会といえる。大学院卒であっても満足に仕事に就けず、出稼ぎ労働者の海外送金に頼らなくては国家経済が成り立たないような国なのだ。

それでも私たちは諦めてはいけない。サバイバーの心の回復には、エカトラのようなケアが有効なのだと信じて、私たちは挑戦し続けていかなくてはならない。

おわりに

初めて旅した1992年以来、私は毎年欠かすことなくネパールとインドを訪れた。あるときは取材、あるときは単なる旅が目的だったが、1997年からはそこにラリグラス（現在は認定NPO法人）の代表としての責務が加わった。ネパールのマイティとともに、人身売買問題への取り組みを始めたからだ。2007年からはインドのRF（レスキュー・ファンデーション）をパートナー団体として活動のフィールドを広げ、毎年2、3度の現地訪問は私の大切な年間スケジュールの一つとなった。

1996年、初めてマイティ・ネパールを訪問し、その翌年にラリグラスを立ち上げた。そのときの私は、こんなに長い間、活動を続けることになるとは予想もしなかったが、気付けば27年もの月日が流れていた。私の人生の半分を占める時間だ。

始めようと意気込んで、国際支援を始めたわけではない。これを生業とする覚悟があったわけでもなかった。ならばなぜこれまで続けてきたのかといえば、人身売買問題が解決に至らなかったからだ。そして、訪問の回数を重ねる度に新しいサバイバーと出会い、彼女たちに「また会いに来てください」と言われたとき、「もう来ることはできない」とはどうしても言えなかったからだ。それは私にとって、路上で転んで血を流している人を横目で見ながら、素通りする行為に等しい。だから、人身売買され、来る日も来る日も性暴力を受けて深く傷ついた彼女たちの存在を、見過ごすことはできなかったのである。

しかし、27年も活動を続けていながら、目指すゴールはまだまだ遠い先にある。それどころか、コロナ禍以降、状況はさらに悪化傾向にあった。

コロナ禍を挟み、私は約4年ぶりにネパールとインドを訪れた。久しぶりに現地を回って驚かされたのは、人身売買の被害者が明らかに低年齢化していたことだ。

ネパールでは国内人身売買が増加し、その被害者の大半が10代前半のあどけない女の子たちだった。

インドも同じく、RFのシェルターホームは、10代前半の女の子が圧倒的多数を占めていた。ボイサルのシェルターホームでは、わずか11歳の女の子が基礎教育を受けていたのである。

インドにおける人身売買被害者の多くは農村部出身だ。貧しい暮らしから脱するため、豊かさを求めて家族で都会に出てきたものの、親が失業するなどしてスラムに住み始める。そこで仕事の紹介を口実に連れ去り、売春宿に売り飛ばすのだ。インド国内のスラムで暮らす人は1億人を超えているといわれ、それを母数とすれば実に多くの女の子がハイリスクな環境に置かれているといえるのだ。

親や親戚によって売られるケースも少なくない。いずれも背景には絶対的な貧困がある。コロナ禍はその貧困度をさらに押し上げ、人身売買のターゲット層をさらに拡大させたのである。

災厄は社会的弱者にしわ寄せされるのが常であり、新型コロナウイルスの蔓延という災禍もまた、彼らを窮地に追いやることになったのである。

こうした事実に、自分たちの非力を突き付けられるばかりだった。この本を書きながら、ひっそりと逝ってしまったチャンヌーを思い出し、何度も涙が込み上げた。その度に、「チャンヌー、ごめんね」と彼女に詫びた。今、アーシャはどうしているのだろうと想像し、胸が苦しくなった。ラダやプリヤやマンジュの生い立ちを知り、この現代社会にありながら、いまだにこのような野蛮なことが行われているのかと腹立たしくてならなかった。

もちろん、マイティもRFも力を尽くしてきた。

ネパール政府やインド政府も、ただ手をこまねいているわけではない。

人身売買が横行する2大要因は、貧困と教育の欠乏だ。そのためインド政府は、女の子の教育の機会を促進するため、「ベティ・バチャオ（女の子を救おう）ベティ・パダオ（女の子を教育しよう）」という政策を打ち出した。

これに影響を受ける形で、ネパール政府による女の子への支援も増えつつある。例えば教育分野では、女子生徒と「カミ」は10年生まで教科書が無料配布され、授業料が免除されるようになった。カミとは、ネパールの不可触民に属するカーストの集団の1つで、寺院に入ることや共同の井戸から水を飲むことを禁じられるなどの差別を受け続けてきた。身分に比例して、教育を受ける機会も少なかったのだが、こうした取り組みの結果、5～24歳の識字率が92・5％（男94％／女91％）、8年生までの初等教育後期修了率が男94％／女91％、10年生までの前期中等教育修了率が男71％／女75％まで引き上げられたのである（2019年世界銀行発表）。

インドでは、法曹界でも大きな動きがあった。

2015年にインドの最高裁判所がインド政府に対し、人身売買問題に関連する法律の整備を命じたことを受け、2016年5月、人身売買防止法の草案が公開された。児童買春を目的とした人身売買だけに限らず、奴隷や児童労働を含む、さまざまな形態の人身売買を防止する法案だ。まだ法案の段階ではあるが、ほんの一歩程度であったとしても前進したといえる。

こうした取り組みによって、ネパールやインドの女の子を取り巻く環境は少しずつ変化を見せている。しかし、人身売買、性犯罪、家庭内暴力など、マイティやＲＦに持ち込まれる事件は後を絶たない。なぜなら、根本原因にリーチしきれていないからだ。貧困、教育の欠乏、宗教的な慣習、社会通念、インドとネパールの国際関係といった古くからある要因に、ＳＮＳという現代社会ならではツールが加わった今、犯罪はより複雑化し、拡大化している。その事態に両国政府の対策が追い付いていないのだ。

苦境にあるすべての人を救うことはできない。今この瞬間も、戦争や飢餓や強制労働や人身売買や性加害で、苦しみの中に身を置く膨大な数の人が存在する。そのあまりの多さにひるみ、すべてを救えないことを嘆き、投げ出したくなることもあるだろう。だが、すべての人を救えずとも、１人でも多く救うことに喜びを感じるべきなのだ。

だから私たちは続けていく。私たちラリグラスがすべきことは、マイティやＲＦの活動が滞ることのないよう、後方支援を続けていくことだ。

新しく始まったエカトラは、サバイバーの心の回復に大きく貢献するプロジェクトだ。継続するのはもちろんのこと、さらに活発化させていく必要がある。そのためには、現在の年間予算５００万インドルピー（日本円にして８００万円）以上のサポートを、私たち海外ドナーが中心となって担っていかねばならない。

有益な機会の提供も、私たちに求められている。

この本を書くにあたり、マイティやRFでサバイバーの心のケアに携わるスタッフたちに話を聞いた。その中で聞かれたのはこんな声だ。

「私は自分の力不足を実感しています。もっと勉強しなくてはならないと思っています。だから、勉強する機会を与えてほしいのです」

私たちが職業訓練の費用を支援しているマイティのヘタウダ・プリベンションキャンプで、責任者を務める女性の訴えだ。彼女はカウンセラーの役割も担っているが、専門知識に欠けるため、困難なケースに対応し切れないという。

彼女の希望を聞いて浮かんだのは、トリブバン大学で教鞭をとるスーラジ・サッキャ准教授だ。ヘタウダとカトマンズは、バスで5〜6時間ほどの距離にあり、直接、教えを請うことは難しいが、Ｚｏｏｍなら遠隔地でも講義を受けられる。そうした手法でカウンセリング技術を学ぶ機会を設けることはできないか、相談してみたいと考えたのだ。

現地が求めることに、ドナーである私たちは応えなくてはならない。プッシュ型の支援ではなく、相手にしっかり寄り添うプル型の支援こそが、遠い日本に暮らす私たちに求められることだと考えるのである。

※登場人物は一部を除いて仮名です

長谷川まり子

1965年岐阜県生まれ。認定NPO法人ラリグラス・ジャパン代表。ノンフィクションライターとして世界の社会問題を取材する過程で、インド・ネパールの越境人身売買問題を知りライフワークに。新聞、雑誌、書籍、テレビドキュメンタリーを通じてリポートするとともに、1997年に「ラリグラス・ジャパン」を立ち上げ、その代表として活動を続ける。『少女売買〜インドに売られたネパールの少女たち』（光文社知恵の森文庫）で第7回新潮ドキュメント賞を受賞。著書はほかに『インドへ行こう』（双葉文庫）、『がん患者のセックス』（光文社）、『わたしは13歳　今日、売られる。〜ネパール・性産業の闇から助けを求める少女たち』（合同出版）など。

少女人身売買と性被害
「強制売春させられるネパールとインドの少女たち」
その痛みと回復の試み

2024年6月7日　初版第一刷発行
2024年9月2日　　　第二刷発行
著者　　長谷川まり子
発行者　斎藤信吾
発行所　株式会社　泉町書房
〒202-0011
東京都西東京市泉町5-16-10-105
電話・FAX　042-448-1377
HP　http://izumimachibooks.com
Mail　contact@izumimachibooks.com

装丁・本文デザイン／ミノリコブックス
印刷・製本／株式会社シナノパブリッシングプレス

ISBN　978-4-910457-05-5　C0036